for Windows
（カラー・モノクロ対応）

毎日の保育をサポート！

食育ガイド＆おたよりデータ集

監修 岡林一枝

ナツメ社

　食育基本法が施行されて、まもなく10年になろうとしています。「食育」という言葉の認知は広がりつつあり、多くの場所で聞かれるようになりました。
　とくに、保育園、幼稚園では、乳幼児期の食と生活は、その子の生涯の基礎をつくる重要なこととして、園児を対象にしたさまざまな食育活動が実践されています。発育、発達が著しい乳幼児期の子どもたちにとって食にかかわる課題は多様で、保育園と幼稚園では取り組みのポイントも異なります。園全体の連携や家庭との連携も重要な課題となります。

　本書は、さまざまなケースで適切に対応できるよう、園児・保護者への個別対応の具体例やアイデアあふれる取り組みの実践レポート、食生活にかかわるおたより事例など、保育園、幼稚園に役立つ「食育情報」をまるごとサポートしています。

　第1〜第5章では、子どもの発達と栄養や食育計画、アレルギーや偏食・肥満などの子どもの食と生活の対応、食育シアターといった「食育の基礎知識と保育」を掲載しています。
　第6章の「ポスター＆給食・食育だより素材集」では、食育だよりやクラスだよりの一部にそのまま使える文例とイラスト素材を、月別、乳幼児の年齢別に、また、テーマ別に保護者に伝えたいことを、わかりやすく紹介しています。これらは、実際に保育園などで日頃から食育活動の一環として実践している栄養士さんたちに作成していただきました。

　健やかな子どもたちを育む保育の実践のために、本書にはたくさんの素材がちりばめてあります。職員間で連携をとりながらこれらの素材を引き出して、じょうずに組み合わせ、「食育」というお皿に盛りつけて、子どもたちと一緒に楽しく…どうぞ召し上がれ……！

岡林一枝

本書の10の特長

本書の特長を活用して、子どもたちはもちろん、園全体や保護者も楽しく実践できるような食育活動を始めましょう。

1 園の「食育」実践レポートを紹介

栽培、ランチルーム、食の教育のテーマで、それぞれ食育を行う3園の実践レポートを掲載。保育の一環として、食材にふれあい、食事の時間を楽しく過ごす子どもたちの表情に注目です。

2 食への関心が高まるシアターあそび

いろいろな食材や食事のバランスなどをテーマにした、乳児・幼児向けのシアターを4本紹介。すべてのシアターは、コピーして使える型紙＆印刷して使えるデータ（CD-ROM収録）つきです。

3 子どもの発達に沿った食育の参考に！

食育活動を行う前に、しっかりと押さえておきたい子どもの発達について年齢別に掲載。食事を作る調理員、援助する保育者ともに、子ども一人ひとりの発達を見極めながら対応することが大切です。

4 食育計画作りに役立てたい実例が5本

保育に寄り添った食育計画を立てるために、押さえておきたい内容やポイントを紹介します。保育計画内に位置づけられた食育計画の実例5本も参考に、長期的な見通しを持って計画を立てましょう。

5 保護者のギモンに応える回答例が充実

「離乳食の進め方は？」「好き嫌いをなくしたい」など、保護者からのよくある質問について、わかりやすい回答例つきで掲載。保護者のやり方や気持ちを認めながら、的確にアドバイスをしましょう。

6 園全体で知りたいアレルギー対応

食物アレルギーを持つ子どもが年々増えてきています。代替え食などの調理方法だけでなく、事故を事前に防ぐ方法や起きてしまったときの対応など、園全体で共有したい情報を掲載しています。

7 クッキング保育のポイントがわかる！

クッキング保育を通して子どもが達成感を味わうためには、準備や段取りを整えることが大切。保育者の声かけなどポイントを確認して子どもの育ちにつなげましょう。参考になる実践レポートつき。

8 印刷してそのまま使えるポスターを収録

食事のあいさつや栄養バランス、手洗い・うがいの約束ごとなど、ひと目でわかるポスターを収録。印刷して、子どもたちの目につく場所に貼りましょう。アレルギーなど保護者向けポスターも収録。

9 便利なテンプレートを利用しよう

テンプレートをもとに文章やイラストを入れ替えて作ると、おたよりや献立表がより簡単に仕上がります。縦、横、サイズ違いなどそれぞれカラー、モノクロで収録しているので参考にしましょう。

10 おたより作りに便利なイラスト＆文例

かわいいイラストや役立つイラスト付き文例をカラーとモノクロで収録。そのまま使える月別書き出し文例など、便利に使って情報満載の楽しいおたよりを作りましょう。

もくじ

はじめに ……2
本書の10の特長 ……3

実践レポート
❶畑とともに子どもが育つ自給自足園　足近保育園 ……6
❷ランチルームで楽しく実現！　バイキング給食　弥生保育園 ……10
❸はじめての三角食べに挑戦！　徳持幼稚園 ……14

第1章　すぐに使える！　食育シアター

- 0・1・2歳児向け　ニコニコ朝ごはん ……18
- 0・1・2歳児向け　スプーンくんとフォークちゃん ……20
- 3・4・5歳児向け　何でも食べてもりもり元気 ……22
- 3・4・5歳児向け　野菜畑でうんとこしょ！ ……26

第2章　知っておきたい！　子どもの発達と食育

- おおむね6か月未満 ……32
- おおむね6か月～1歳3か月未満 ……34
- おおむね1歳3か月～2歳未満 ……36
- おおむね2歳 ……38
- おおむね3歳 ……40
- おおむね4歳 ……42
- おおむね5歳 ……44
- おおむね6歳 ……46

Column　6か月未満児から3歳以上児の食育のねらい ……48

第3章　保育の一環としての　食育計画の立て方

食育計画を立てるために ……50
実際の食育計画を見てみよう！

- Case 1　毎日食を意識できる保育　武庫愛の園幼稚園 ……54
- Case 2　子どもの主体性を育む食育　くらき永田保育園 ……58
- Case 3　生活に根ざした食育をめざして　ふきのとう保育園 ……62
- Case 4　調理保育を軸に成長を実感　弥生保育園 ……64
- Case 5　栽培から広がる食育活動　新田保育園 ……66

アイデアいろいろ！　給食・食育だより＆献立表 ……68

第4章 こんな時どうする？ 食のお悩み＆アレルギー対応

食のお悩みQ&A

- ✱ 離乳食をスムーズに進めるには？ ……72
- ✱ 立ち歩かないで食事に集中するには？ ……76
- ✱ 下痢や便秘に悩まないためには？ ……80
- ✱ 濃い味好きにならないためには？ ……84
- ✱ 失敗しない幼児食への移行法は？ ……88
- ✱ 好き嫌いなく何でも食べる子にするには？ ……74
- ✱ 肥満にならない食事の与え方は？ ……78
- ✱ 年齢に合わせたおやつの上手な与え方は？ ……82
- ✱ きちんと噛んで食べる子にするには？ ……86

食物アレルギー ……90

食物アレルギーとは？／園での対応について／対応での注意点／緊急時の対応／園でのアレルギー事故例

第5章 みんなで実践！ クッキング保育

クッキング保育実践レポート　新田保育園 ……100
クッキング保育に挑戦しよう ……102

準備をしよう／当日心がけること／基本の動作：指導のポイント／作ってみよう：おすすめレシピ　主菜・副菜・おやつ

第6章 ポスター＆給食・食育だより素材集

ポスター ……114
食事の約束❶❷❸／食事の前と後／手洗い・うがい／保護者向け

テンプレート ……120
おたより❶❷❸／献立表❶週間❷月間

イラストカット ……126
食事イメージ❶❷❸／食器・食回り／マナー・衛生／食材❶❷（野菜・果物）／食材❸（魚・肉・加工品）／料理・おやつ／行事イメージ／クッキング保育／栽培・その他／0・1・2歳児❶❷❸／季節イメージ／飾り文字❶❷／飾り枠／飾り罫

イラスト付き文例・書き出し文例・レシピ ……146
月別文例　4～3月／0・1・2歳児向け文例／カテゴリー別文例／書き出し文例
レシピ　主菜・副菜・おやつ／とりわけ離乳食

付属CD-ROMの使い方とコピー用シアター型紙

CD-ROMの構成 ……190　　付属CD-ROMを使っておたよりを作ってみよう ……191

コピー用シアター型紙 ……200

▲ニンジンやジャガイモなどの定番野菜から羽島市特産の十六ササゲまで多くの野菜がとれる畑。

畑とともに子どもが育つ自給自足園

実践レポート ①

社会福祉法人
足近(あぢか)保育園
(岐阜県)

太陽をいっぱい浴びた無農薬の野菜、その味に集まる虫たち。"自給自足園"足近保育園の畑は、自然の恵みにあふれています。園児たちが元気良く畑とふれあう姿を取材しました。

▲好奇心いっぱいの子どもたちは畑までの道のりにもワクワク。

野菜のおいしさを子どもたちに伝えたい

「先生、このピーマンまだ小さい?」
「うわーっ、虫に食べられてる!」
　20アールもの広大な畑に子どもたちのにぎやかな声が響き渡ります。毎日畑に通うのは、隣接する足近保育園の園児たち。この畑は、元給食センター勤務で給食の残食が多いことを知っていた北川園長先生が14年前の就任時に「おいしい野菜を作って子どもたちに食べさせたい」と、小さな土地を借りたのが始まりでした。今では年間33種類もの野菜が実る畑に成長。園長先生は365日、園が休みの日も畑に出て世話をしています。「畑でとれた野菜はやはりおいしくて子どもたちがよく食べます。そして残食が減ると調理員たちも喜ぶので、育てる野菜のリクエストを受けるうちに、畑もどんどん大きくなっていきました」。

▲「ここにもあった!」畑のあちこちでピーマン争奪戦が繰り広げられます。(上)たくさんのピーマンを抱えて満面の笑み。(左下)とれたての野菜たち。わずか一時間でこの収穫量!(右下)

とれた!おいしそう

▲園長先生の教えを守って小さいサイズのものは避けながら収穫。
◀畑が生活の一部になっている子どもたちは収穫作業もお手のもの。

▲子どもたちにとって園長先生は畑の博士。
◀コンポストに野菜の切れ端や残食を入れて、たい肥として再利用。

▼3月、「とれたよー！」と自分の腕より太くて長い立派なダイコンを掲げる子どもたち。

いっぱいとれたね

春・夏・秋・冬…
一年中、畑は楽しいあそび場

感謝の気持ちをこめて給食作りに励みます

　畑から収穫されるたくさんの野菜。さぁ、次は調理室の出番です。「はじめは野菜の収穫時期と量、そして一か月前に行う献立作りとの調整が難しく戸惑いました」と話すのは栄養士の今西さん。「でも、無農薬の新鮮な野菜を食べられることは本当に贅沢なこと。休み返上で畑を見てくださる園長先生やお手伝いしてくれる服部さんたちのおかげで、おいしい野菜を毎日食べることができています。子どもたちにもそれを当たり前と思わず、感謝の気持ちを持って食べてもらえるよう給食を作っています」。

　しかし、収穫時期が集中するとどうしても献立に同じ野菜が続きがち…。今西さんは手を変え品を変え、飽きられないように新しいレシピ考案に日々奮闘しています。

▲収穫を楽しみに、夏野菜の苗を植えつけ。（上）
▼「重い重い！」収穫したタマネギを必死に運びます。（左下）畑の世話を手伝ってくれる心強い味方の服部さん。（右下）

育てる、あそぶ。
畑は園にとっての宝

「今日はピーマンの天ぷらだ！」。給食の準備が始まると、収穫を終えた子どもたちから歓声があがります。畑の野菜は、そんな子どもたちの喜ぶ顔が見たくて、園長先生をはじめ、職員や地域の人々、調理員など多くの人の協力が実り、給食やおやつとなって子どもたちに届けられます。「畑に出て収穫を頑張る子も、畑の虫に夢中になる子も、畑に行きたくない子も、いろんな子がいていいと思います。収穫した野菜を食べることはもちろん、子どもたちには畑からたくさんのことを体験してもらいたいです」と願う園長先生の畑は、これからも大きくなっていきます。

▲2000本と大豊作だったトウモロコシ。皮むきをして各家庭におすそ分けしてもまだまだなくならないほど。

◀夏の風物詩ともなったエダマメもぎ。どんなメニューになるかな？

▲食育計画には、献立作りの中心となる33種類の野菜の収穫時期がびっしりと。

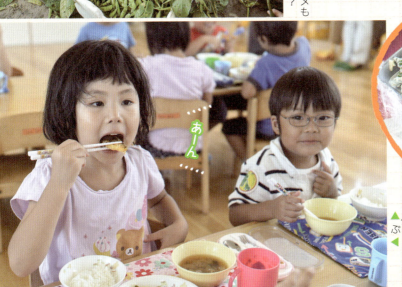

▲人気メニュー「ピーマンの天ぷら」をはじめ、野菜たっぷりの料理は、色濃い味がしっかりと伝わります。
◀「おいしい！」と大きな口を開けながら。

実践レポート❷
社会福祉法人 高峰福祉会
弥生保育園（やよい）
（東京都）

ランチルームで楽しく実現！バイキング給食

お昼どき、通常は発表会などを行うホールがランチルームに早変わり。食事をする空間として清潔に整えられた部屋では、バイキング形式で給食が提供され、異年齢の子どもたちが楽しくおいしい時間を過ごしています。

スムーズな配膳＆食べる姿は大人顔負け!?

▲光がいっぱい差し込んだランチルーム。自然と表情も和やかに。

食事の提供スタイルから自主的に動ける子どもに

「食事の準備ができました」。3〜5歳児が思い思いにあそんでいる部屋へ給食当番が元気良く伝えにきました。「今日のごはん、何かなー？」と一目散に駆け込む子、自分のペースで片づけ、手洗いを済ませる子。普段はホールとして使われるランチルームに、続々と子どもたちが集まってきます。

約25年前から給食はランチルームにてバイキング形式で行う弥生保育園。「自分の頭で考えて行動できる子どもに育ってほしい」と考えていた前園長が、まだこのスタイルでの給食が珍しかった当時、他園を見学して導入を決めました。見学に同行した栄養士の小川さんは「子どもたちが配膳の流れを理解し、整然と動きながらも、楽しそうに食事する姿に驚きました」と当時を振り返ります。

そして、弥生保育園の子どもたちにできるだろうか…と不安を感じながらも新たな給食提供が始まりました。

▲◀献立は「カリカリチキン、マカロニサラダ、ごはん、味噌汁、ナシ」。当番は慣れた手つきで3歳児のためにごはんと味噌汁をよそって準備します。

◀お腹をすかせた第一陣が列を作ります。「鶏肉おいしそう〜！」と喜ぶ声も。

▶食事をする場として清潔さを第一に。各テーブルには花壇の花（写真はマリーゴールド）が飾られます。

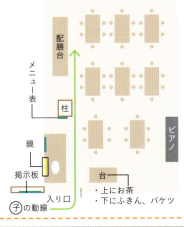

ランチルームを見せてください！

配膳台の位置やテーブルの向きは、子どものようすを見ながらより動きやすい導線になるよう修正を重ねてきました。人数がピークを迎える時間帯は、さらに入り口に保育者が立って列が長くなりすぎないよう誘導します。しかし、入り口にある掲示（P13）のおかげで子どもたちは楽しみながら待つことができます。

職員たちのサポートで期待以上に早く慣れて

「自分のお腹の量を知る」「自分の物は自分で獲得する」ことを目的として始めたバイキング形式。加えて、「人といっしょに食べる楽しさを伝えたい」と幼児全員が入れるランチルームでの提供が始まりました。はじめは適量がわからず、好きな物を多くよそい過ぎるために残食も多く出ました。しかし、大人が思う以上に子どもは順応性が高いもの。今では2歳児後半も参加するようになり、時間や危険を心配し過ぎる職員の方がかえって準備に慌てるほどです。

「○○ちゃん、こっち空いてるよ」「今日はここで食べよう」。お盆を手にした子どもたちは好きな席につきます。そして、誰に促されるでもなく元気に「いただきます！」と挨拶をして食べ始めました。

生活にメリハリをつけるランチルームでの食事

◀ 給食室からのイラストつきメッセージは子どもたちの楽しみ。

▲ 配膳と食事、一人ひとりが当たり前にできている給食の時間。
◀ 一方が下がりがちなお盆も、慣れてくると全員まっすぐに持てるようになります。

工夫がたくさん！
居心地の良いランチルーム作り

❶ 各テーブルに紙を用意する
こぼしたときなどにすぐ使えるよう、1枚ずつ折りたたんだ落とし紙を各テーブルに置いておきます。

❷ 待つ時間も楽しく
入り口にある2枚のボードは、食材別に赤、黄、緑の栄養バランスを表す物と、食材のとれる場所を示す物。献立を見て子どもたちが自由に並べ替え。

❸ 食後の身だしなみ
食器を片づけるスペースの隣に鏡がかけてあります。そばには落とし紙があり、食べ終わった後の口元の確認用に。

▲おしゃべりしながらにぎやかに過ぎていく食事の時間。

「おいしかった！」と完食する子が続出

　お兄さんやお姉さん、仲良しの友達や年下の子との楽しい食事の時間はあっという間。いっしょに食べることで、子どもたちは社会性などさまざまなことも自然と身につけていきます。そして、驚くことに残食はほぼゼロ！
　だから、自分たちで行う片づけも食器を重ねるだけでラクに済んでしまいます。
　最近は、アレルギーを持つ子どもが増えているため、全員がなるべく同じ物をいっしょに食べられるようにと毎日の献立は和食が中心。また、一年中何でもそろう時代だからこそ、旬の食材を積極的に取り入れています。そんな調理スタッフの思いや、ランチルームで見守る保育者の思いは給食を通して子どもたちに伝わり、「給食だーい好き！」という声があふれていました。

◀見事にピカピカの食器が並びます。

▲「これ、おいしいよ！」と人気メニューを前に、会話も弾みます。
▶紙を片手に口元をチェック。きれいに拭けたら、ニッコリ笑顔。

▶ 大きな口でパクリ！ ごはん茶碗は各自持参して、適量や正しい配膳についても学びます。

実践レポート ③
学校法人池上学園
徳持幼稚園
（東京都）

はじめての三角食べに挑戦！

月に一度、食育の一環として「三角食べの日」を設定している徳持幼稚園。4歳児から三角食べを意識し、バランス良く食べる習慣を身につけています。4歳児クラスがはじめて三角食べに挑戦する日にお邪魔しました。

1週間前に講義を受けました！

「三角食べの日」の1週間前、栄養士による特別講義を受けた4歳児クラス。ごはん・おかず・汁物を順番に食べることを、わかりやすいイラストを使って説明します。茶碗の正しい持ち方も教わり、「三角食べ、とっても楽しみ！」と子どもたちの期待が膨らみます。

"ばっかり食べ"の改善にも効果が！

「見て見てー、わたしのお茶碗、かわいいでしょう？」はじめて「三角食べ」に挑戦する日、子どもたちは自宅からお気に入りのごはん茶碗を持参します。

「通常の給食ではランチプレートを使用していますが、自分の茶碗を使うことで食べられる適量を知ったり、茶碗の持ち方を確認したり、また三角食べをするための配膳のしかたを学ぶことができます。家庭でも習ったことを実践しやすいようですね」と話すのは、栄養士の三浦さん。この日は子どもたちが配膳し、自分のごはんは自分でよそいます。慣れない配膳にぎこちない手つきの子もいますが、回数を重ねるうちにめきめきと上達していくそう。

食べる前にもう一度みんなで食べる順序を確認し、いよいよ三角食べに挑戦です。

▲大きなボウルに入ったごはんを、2〜3人ずつ自分の茶碗によそっていきます。

▲子どもの手の大きさに合わせた小さめのしゃもじを用意。

◀「今日はお腹が減ってるの」と、いつもより少し多くよそう子も。

▼食べる前に、茶碗の持ち方と三角食べをもう一度おさらい。

▲視覚的に伝えながら、繰り返しことばかけをして理解を深めます。

◀正しく配膳できたかを一人ひとり確認。最初だからこそていねいに。

子ども同士で声をかけあう姿も

今日の献立は「ごまごはん、鶏の甘酢あんかけ、ゆでトウモロコシ、味噌汁」。人気メニューだけに子どもたちは大喜びです。「三角食べの日」といっても、食べる風景は楽しいランチタイムそのもの。ただし、子ども同士で「ごはんばっかり残っているよ」「先にトウモロコシ終わっちゃったね」などと、お互いに声をかけあう姿が見られました。

「まだお箸を正しく持てない子もいますが、三角食べの日はバランス良く順番に食べることを大切にしています。5歳児になる頃には、みんなじょうずに三角食べできるようになります。家庭でも三角食べするようになったと言われますよ」と園長の小坂先生。保護者から食事に関する相談が増えたことがきっかけで始まったこの取り組み。子どもたち自身にしっかりと根づいているようです。

▲「ほら、三角に食べてるよ」と食事を楽しむ子どもたち。楽しく三角食べに取り組めるよう、食べやすく、意欲を持てる献立が考えられています。

◀食べ終わったら、片づけも自分たちで。みんなきれいに食べられました。

▲▶給食で何回噛めたかを数えられた子は「かむかむカード」を園長先生に提出。はんこがたくさん集まりました！

こんな取り組みも
料理のバランスを知る「お弁当ダイエット」

「三角食べ」に慣れてきた4歳児クラス後半からは「お弁当ダイエット」という新たな取り組みが始まります。ここでの「ダイエット」はやせるという意味ではなく、バランスの良い食事をとるという意味。家庭から空のお弁当箱を持参し、子どもたち自身で給食をお弁当箱に詰めていきます。

「はじめにごはんをギュウギュウに詰めてね」。保育者のことばかけに合わせて、主食3：主菜1：副菜2の割合で詰めていく子どもたち。お弁当箱は形や段数がさまざまなため、一人ひとりの工夫が必要です。詰める作業を楽しみながら、自分の適量がわかる、アイデアいっぱいの取り組みです。

◀おかずを上につみあげていた子も、年長児になると横に並べて詰められるように。

第 1 章

すぐに使える！
食育シアター

監修／浅野ななみ

食べることの大切さや食べ物の育ちなどについて、あそびを通して楽しく子どもたちに伝えましょう。食事の時間の前後に行うと、より関心が高まります。

0・1・2歳児向け
朝ごはん食べて、元気いっぱい！

型紙 P200
01_theater → P18-19

ニコニコ朝ごはん

ブタさん、イヌくん、クマさん…みんなはどんな朝ごはんを食べているのかな？　残さず食べて元気いっぱいな動物たちの姿に、子どもたちも思わずニッコリ。1枚めくるたびにワクワクする、紙芝居シアターです。

●用意するもの　P018_01〜P019_04
紙芝居

1
- 保育者：朝です。ブタさんが朝ごはんを食べています。
- ブタ：いただきまーす。ごはんもおつゆもだーいすき。
- 保育者：パクパク　ムシャムシャ。おひさまがニコニコ笑って見ています。
（1枚目をめくる）

2
- ブタ：ぜーんぶ食べてお皿はからっぽ お腹はいっぱい、ごちそうさま！
（2枚目をめくる）

3
- 保育者：イヌくんも朝ごはんを食べています。
- イヌ：いただきまーす。パンも卵もだーいすき。パクパク　モグモグ。
（3枚目をめくる）

おいしそうに食べてるね

4 〔イヌ〕 ぜーんぶ食べてお皿はからっぽ
お腹はいっぱい、
ごちそうさま！
（4枚目をめくる）

わあ！ すごい

5 〔保育者〕 クマさんも朝ごはんを食べています。
〔クマ〕 いただきまーす。
おにぎりもお肉もだーいすき。
パックン　ムシャムシャ。
お野菜だって食べちゃうよ。
もぐもぐ　ごっくん。
（5枚目をめくる）

6 〔クマ〕 ぜーんぶ食べてお皿はからっぽ
お腹はいっぱい、
ごちそうさま！
（6枚目をめくる）

7 〔保育者〕 朝ごはんを食べて、みんな元気！
今日もいっぱいあそぼうね。
おひさまも笑って見ています。

おしまい

第1章　食育シアター

POINT
めくり方にも工夫を加えて
紙芝居をめくるときは、後ろの絵が少しずつ見えていくように、ゆっくりとめくりましょう。「次はどうなるのかな？」と子どもがワクワクする気持ちも高まります。

0・1・2歳児向け

みんな集まれ！　楽しく食べよう

型紙 P202

スプーンくんとフォークちゃん

スプーンくんとフォークちゃんが仲良くおでかけ。すると、後ろから次々と友達が追いかけてきて…。どんどん仲間が増えていく、にぎやかなシアターは、食事の前にぴったりです。

●用意するもの　P020_01〜P021_01
表裏に絵を貼った画用紙

（表）　（裏）※上下逆に貼る

1 保育者

（①スプーンとフォークを出す）
スプーンくんとフォークちゃんが、
手をつないでどこかへおでかけです。

待って待って！

2 スプーンくんとフォークちゃんの
後ろから、追いかけてきたのは
トマトちゃん。（①と②トマトを出す）

トマトちゃん

待って待って！　いっしょに行きましょう。
とっとこ　とっとこ　とっとこと。

待って待って！

3 保育者

トマトちゃんの後ろから、
追いかけてきたのはたまごやきくん。
（①②と③たまごやきを出す）

たまごやきくん

待って待って！　いっしょに行きましょう。
とっとこ　とっとこ　とっとこと。

4 保育者

そのまた後ろから、追いかけてきたのは
ウインナーちゃん。
（①②③と④ウインナーを出す）

ウインナーちゃん

待って待って！　いっしょに行きましょう。
とっとこ　とっとこ　とっとこと。

わあ、ウインナーちゃん

5

(保育者)
そのまた後ろから、ずんずん追いかけてきたのは
おむすびくん。（①②③④と⑤おむすびを出す）

(おむすびくん)
待って待って！　いっしょに行きましょう。
とっとこ　ズンズン　とっとこと。

どんどん仲間が増えるね

6

(保育者)
そのまた後ろから、チャップンチャップン
追いかけてきたのは
カップに入ったスープちゃん。
（①②③④⑤と⑥スープを出す）

(スープちゃん)
待って待って！　いっしょに行きましょう。
とっとこ　ズンズン　チャップンプン。
やっとついたよ！

7

(保育者)
（上下を反転させるよう裏返して）
わーい！　おいしそうなお弁当ができたよ！
スプーンくんとフォークちゃんが、
みんなを連れてきてくれたんだね。
いただきまーす！

おしまい

上下を反転させて裏返す

いただきまーす！

作り方＆折り方

❶ 画用紙の表裏に絵を貼る。（裏面は上下逆にする）
❷ 画用紙に、切り込みを入れる。
❸ ⑥→⑤→④→③→②→①の順番に山折りで内側にたたむ。
❹ できあがり。

第1章　食育シアター

✻3・4・5歳児向け✻ 好き嫌いなく食べよう！

型紙 P203　01_theater → P22-25

何でも食べてもりもり元気

動物たちの大好物がいっぱいのお弁当。気になる中身は、魚、野菜、肉とどれも個性的です！それぞれ誰のお弁当か当てっこしましょう。バランスの良い食事がわかるシアターです。

●用意するもの　P022_01～P022_13

お弁当1（表／裏）　お弁当2（表／裏）　お弁当3（表／裏）　お弁当4（表／裏）
ネコ　うさぎ　ライオン　男の子　女の子　油ねんど

1　保育者
お弁当箱が並んでいますよ。
中をのぞいてみましょう。
（お弁当1を裏返して、
中身をひとつずつ指差す）
これは、イワシ、ニボシ、
サンマ、シシャモ
お魚がいっぱい入っていますよ。
誰のお弁当でしょう。

2　ネコ
ニャーニャー。お魚大好き！
わたしのお弁当です。
おいしそうでしょ。

歌♪おべんとうはたのしいな
ふたをあけたらとびだすよ
イワシ ニボシ サンマに シシャモ
おさかないっぱい
これネコさんのおべんとう ニャオー
→楽譜は P24 へ

ニャーニャー。お魚大好き！

誰のお弁当でしょう

3 保育者

次のお弁当は、何が入っているのかな？
（お弁当2を裏返して、中身をひとつずつ指差す）
これは、イモ、ニンジン、ミツバ、シイタケ
お野菜がいっぱい入ってますよ。
誰のお弁当でしょう。

4 うさぎ

ピョンピョン。お野菜大好き！
わたしのお弁当です。
おいしそうでしょ。

 ♪おべんとうはたのしいな
ふたをあけたらとびだすよ
イモ ニンジン ミツバに シイタケ
おやさいいっぱい
これうさぎさんのおべんとう ピョン

5 保育者

次のお弁当は、何が入っているのかな？
（お弁当3を裏返して、中身をひとつずつ指差す）
これは、肉団子、ベーコン、焼き肉、とんかつ
お肉がいっぱい入っていますよ。
これは誰のお弁当でしょう。

6 ライオン

ガオガオー。お肉が大好き！
わたしのお弁当です。
どう？ おいしそうでしょ。

 ♪おべんとうはたのしいな
ふたをあけたらとびだすよ
ニクダンゴ ベーコン ヤキニク
トンカツ おにくがいっぱい
これライオンさんのおべんとう ガオオ〜

ガオガオー。お肉が大好き！

第1章 食育シアター

7 保育者
次のお弁当は、
何が入っているのかな?
(お弁当4を裏返して、中身をひとつずつ指差す)
これは、肉、魚、ごはん、野菜
栄養満点!
誰のお弁当でしょう?
わかるかな?

元気もりもりです!

8 男の子・女の子
はーい! はい、はい!
ぼくやわたし、
みんなのお弁当でーす。
おいしそうでしょ。

歌 ♪おべんとうはたのしいな
ふたをあけたらとびだすよ
ニク サカナ ゴハンに ヤサイ
えいようまんてん
これみんなのおべんとう ワーイ
「いただきまーす」

9 保育者
栄養満点のお弁当を
食べたみんなは、笑顔がいっぱい。
元気モリモリです!

おしまい

おべんとうはたのしいな

作詞・作曲:阿部直美

シアターのあとは手あそび歌でもっと楽しく！

おべんとうはたのしいな

振付：阿部直美

1番

1 おべんとうは たのしいな
両手をグーにして、ひじを曲げ、腕を交差するように左右に振ります。

2 ふたをあけたら とびだすよ
両手を伸ばして手を打ち合わせ、お弁当のふたに見立てて開けるしぐさを2回します。

3 イワシ
指を1本立てます。

4 ニボシ
指を2本立てます。

5 サンマに
指を3本立てます。

6 シシャモ
指を4本立てます。

7 おさかないっぱい
両手をひらひら振りながら大きく回します。

8 これネコさんの おべんとう ニャオー
2の動作を繰り返してから、両手を少し曲げて頭につけ、ニャオーと鳴きます。

2番

9 おべんとうは たのしいな ふたをあけたら とびだすよ
1・2と同じ動きをします。

10 イモ ニンジン ミツバに シイタケ おやさいいっぱい
3〜7と同じ動きをします。

11 これうさぎさんの おべんとう ピョン
2の動作を繰り返してから、両手を上げ、頭につけたら、ピョンと言います。

3番

12 おべんとうは たのしいな ふたをあけたら とびだすよ
1・2と同じ動きをします。

13 ニクダンゴ
指を2本立てます。

14 ベーコン
アカンベーをしてから、頭を軽くたたきます。

15 ヤキニク
両手で指を8本立てます。

16 トンカツ
指を10本出します。

17 おにくがいっぱい
両手をひらひら振りながら大きく回します。

18 これライオンさんの おべんとう ガオォ〜
2の動作を繰り返してから、両手を開いて、引っかくしぐさをします。

4番

19 おべんとうは たのしいな ふたをあけたら とびだすよ
1・2の動きを繰り返します。

20 ニク
指を2本立てます。

21 サカナ
指を3本立てます。

22 ゴハンに
指を5本立てます。

23 ヤサイ
指を8本出します。

24 えいようまんてん これみんなの おべんとう
7の動きのあと2の動作をします。

25 ワーイ「いただきまーす」
両手を上げてから、あいさつをします。

第1章 食育シアター

＊3・4・5歳児向け＊
野菜の育ちに興味を持とう

型紙 P204　01_theater → P26-30

野菜畑でうんとこしょ！

野菜畑に来たうさぎの親子たち。あれれ…？
土からいろいろな葉っぱが顔を出しています。
ニンジンやホウレンソウなど、みんながよく知っている野菜はどうやってできるのかな？

●用意するもの　P026_01～P026_09
ぴょんた／ぴょんこ／お父さん／ニンジン／油ねんど
ホウレンソウ／ダイコン／カボチャ／葉／スープ

緑の葉っぱがいっぱい！

1
保育者
うさぎのぴょんたくんとぴょんこちゃんは、お父さんといっしょに畑に行きました。
（ニンジン、ホウレンソウ、カボチャ、ダイコンの表の面を並べて立てる）

ぴょんた　わー！　広いねー！
ぴょんこ　緑の葉っぱがいっぱい！

お父さん
お父さんの畑には、いろいろな野菜が植えてあるんだよ。何の野菜かわかるかな？
（お父さんを立てる）

赤い色の野菜だよ。
なんだか
わかるかな？

2
お父さん
（ニンジンの葉を指差しながら）チリチリモジャモジャした葉っぱ。これはなーんだ？

ぴょんた　何かな？

お父さん
カレーライスに入っている、赤い色の野菜だよ。なんだかわかるかな？
（子どもたちが考える間をとる）
さあ、抜いてごらん。

3 ぴょんた

わー！ ぼくが抜くよ。
（ぴょんたを裏返して傾けながら）
よいしょ よいしょ うんとこしょ！
スポーン！（ニンジンを裏返す）
あっ！ ぼくの大好きなニンジンだ！

4 ぴょんこ

こっちの葉っぱは何かしら？
（ホウレンソウの葉を指差す）

お父さん

みんなはなんだかわかるかな？
（子どもたちが考える間をとる）
抜いてごらん。

5 ぴょんこ

今度はわたしが抜くわ！
（ぴょんこを裏返して傾けながら）

第1章 食育シアター

スポン！

6 🟥ぴょんこ

よいしょ、スポン！　すぐ抜けた！
（ホウレンソウを裏返す）
じょうずに抜けたね。あれ？
小さいニンジンがついているよ。

🟥お父さん

これはホウレンソウの根っこ。
みんなは葉っぱを食べるんだよ。

葉っぱの下に何か隠れているよ

めくってみると…

7 🟦ぴょんた・🟥ぴょんこ

この大きな葉っぱは何かな？
（カボチャの葉を指差す）

🟥お父さん

あれれれ？
葉っぱがつながっているよ。
みんなはなんだかわかるかな？
（子どもたちが考える間をとる）
葉っぱの下に何か隠れているよ。
めくってみてごらん。

8 🟦ぴょんた

（カボチャの葉をめくる）
あれ？　なんだろう。
あれ？　あれれ？
（葉を次々めくり、
カボチャを裏返す）
わー！　あった！
カボチャだ！　かくれんぼしてた！

9

ぴょんこ
こっちの葉っぱは何かしら？
（ダイコンの葉を指差す）

お父さん
色が白い野菜だよ。

ぴょんた
あっ！ 知ってる。カブだね。

お父さん
さあどうかな？ 抜いてごらん。

第1章 食育シアター

ぼくも手伝うよ。
よいしょ よいしょ
うんとこしょ

あれ？
抜けないわ

10

ぴょんこ
わたしが抜くわ。
（ぴょんこを裏返して傾けながら）
よいしょ よいしょ うんとこしょ。
あれ？ 抜けないわ。

11

ぴょんた
やっぱり大きなカブだ！
（ぴょんたを裏返して傾けながら）
ぼくも手伝うよ。
よいしょ よいしょ うんとこしょ。
抜けないよ。お父さんも手伝って。

POINT
左右に動かして臨場感UP

ペープサートを左右にゆっくり動かすと、ぴょんたやぴょんこたちが一生懸命野菜を引っ張る姿が表現できます。さらに、保育者も歯をくいしばるなど表情を加えると良いでしょう。

第2章 知っておきたい！子どもの発達と食育

監修／髙橋美保

食育に大切なのは、子どもの発達をしっかりと見極め、根気よく援助することです。子どもの育ちに寄り添い進め、長期的な見通しを持って行いましょう。

物音や人の声に反応し
身近な大人と情緒的な絆が深まる時期

　生後3か月で、体重が出生時の約2倍になり、視覚や聴覚などが育ち始めます。物音や、人の声に反応し「いない、いない、ばあ！」と言うとキャッ、キャッと笑うなどかわいらしい表情も見せます。泣くこと、笑うことで自分の欲求やうれしいこと、不快なことを表現します。「アー」「クー」といったクーイングを発することもあります。

心と身体

2〜3か月頃から人の表情がわかり
6か月頃から人見知りをし始める

　2〜3か月頃から、アイコンタクトがとれるようになります。周りの人のあやす声に反応し、ニッコリ笑ったり、はしゃぐなど、互いに心の交流を感じるようになります。
　6か月頃には、なじみのない人があやそうとすると、泣いたり、怯えたような表情を見せたりする「人見知り」が始まります。

おおむね6か月未満の発達と食育

　この時期の子どもは一生のうちで最も成長する時期です。保護者や保育者との絆を深める大切な時期でもあり、授乳時間はゆったりと子どもを抱き、ことばかけをし安心感を与えるように心がけましょう。

3か月を過ぎる頃には首が安定し
身体全体で表現する

　3か月過ぎには首が安定し、5か月頃には仰向けから寝返りをうつようになります。動くものを目で追い、あやすと手足をばたつかせるなど感情を身体で表現し、赤ちゃんらしいかわいらしい仕草を見せます。手首や足をなめたり、絡ませたりして一人あそびも始まります。表情や動作が豊かになり、周りの大人を和ませてくれます。

あそび

あやしてもらうあそびには
声を出して笑う

　目を合わせ、歌ったり、頬ずりや体をなでると喜びます。「いない、いない、ばあ」や抱っこされて揺れる「リズムあそび」には、楽しそうな表情を見せます。「ふれあいあそび」や「顔あそび」、「手あそび」をすると声を出して笑い、機嫌の良いときは「くすぐりあそび」で、声をあげてうれしそうに笑います。

保育者の援助

スキンシップが情緒の安定につながる

　視覚や聴覚、首すわりなど、一生のうちで最も著しい心身の発育があります。毎日の生活一つひとつが心身の発達を促します。
　スキンシップを積極的に行うことが大切です。あやしたり、体をなでたり、抱っこして体を揺らしたりして心を通わせて、いっしょに過ごす楽しさを十分に楽しみましょう。子どもとの絆がより深まります。

食事

ミルクは新鮮なうちに必ず抱いて与えます

育児用ミルクは、新鮮なものを清潔な専用スプーンで計量し、当日沸かしたお湯に溶かして作ります。調乳後は人肌程度に冷ましてから速やかに授乳し、飲み残しは必ず捨てましょう。

授乳後は発疹、下痢、嘔吐などの症状がないか確認します。保護者が冷凍母乳を希望する場合、母乳は乳児の栄養の基本であるため、可能なかぎり対応しましょう。

月齢	口腔内の機能	授乳の間隔と哺乳量
1か月頃	口唇を乳首に密着させ、下あごを下げて口の陰圧で吸う。	一日に7～10回程度 ※飲みたいだけ欲しがる量
2～3か月頃	舌、あごで乳首を圧迫し乳汁を搾り出して、舌の前後運動で咽頭（いんとう）に送り、えん下する。	一日に5～6回 1回の哺乳量目安160～220cc ※哺乳量は個人差がある
4～5か月頃	反射現象である吸う動作から、唾液が分泌されて咀（そ）しゃく準備に入る。	一日に5～6回 1回の哺乳量目安200～220cc（4時間間隔） ※哺乳量は個人差がある

保育者の援助

授乳時は抱いてゆったりと落ち着いた状態で

授乳の時間は、保育者と子どもがふれあう大切な時間です。子どもをしっかりと抱き目と目を合わせて、優しく声かけをします。他者との会話は避け子どもから目を離さず、授乳に集中する環境を整えます。

この時期のポイント

第2章　子どもの発達と食育

* 体重が急増し脳が著しく発達して、環境に適応する心身が作られる
* 授乳や排泄、着脱などの世話をすることで保護者や保育者との絆を深める
* 5～6か月頃には子どものようすを見ながら離乳を開始する

おおむね6か月～1歳3か月未満の発達と食育

離乳食が完了する頃には、口腔内の機能発達とともに単語を話し始めるようになります。全身の運動機能も発達し、周りの環境にも興味を示し一人で歩き始めます。

心と身体

お座りからハイハイ、あんよへと全身の運動機能が著しく発達する

7か月頃には、支えがなくても一人で座れるようになり、8～10か月頃にはハイハイからつかまり立ちができるようになります。1歳前後には物につかまって横歩きをし、離乳完了の頃には一人歩きし始めますが、個人差を尊重しましょう。行動範囲が広がるにつれ、周囲の環境の衛生面や安全面に気を配り、危険性のないように配慮します。

離乳の完了時にはことばを話すようになる

8か月頃から手や指を動かし、なめたり、しゃぶったり、物を打ち合わせたり、指先で物をつまんで拾い上げ大人に渡すなど、愛らしい仕草が増えます。

離乳食が完了する頃には、喃語（なんご）から一語文（単語）を話すようになり「ちょうだい」「どうぞ」といったやりとりが成立します。

あそび

いたずらに見える行為も子どもにとっては大切な発達過程

食卓でわざとスプーンを落とし、大人が拾って渡すとまた落とし、かごの中のものを全部出してばらまいたり、ティッシュを引き抜いてあそんだりと、大人を困らせます。しかし、子どもにとっては物を認識する大切な発達過程です。イライラせずに温かく見守りましょう。

大人との密接なかかわりが子どもの探索活動やあそびを広げる

6か月頃から人見知りが始まる一方で、特定の人が「おいで」と手を出すと、喜んで身を乗り出します。1歳前後には「ちょうだい」と言うと持っているものを渡します。ほかの子どもに関心を示したり、大人の行動をまねしたりする動きも見られます。「ダメ」と言うと保護者や保育者の顔色をうかがうような表情を見せます。

保育者の援助

周囲の環境を整え、食生活の変化にも対応を

お座りから一人歩きへと全身の運動機能が発達し、行動範囲も広がって目が離せません。生活環境に危険がないよう注意しましょう。

食生活においても授乳から離乳食を経て、固形物を噛みくだき飲み込むまでの機能を獲得します。一人ひとりの発達に合わせて援助しましょう。食事もあそびも好奇心旺盛で、手こずることも多くなりますが、発達過程と捉えましょう。

食事

離乳食がスタートし少しずつ固形の食事に変化していく

この時期は成長が著しく、多くの栄養素を必要とします。摂食行動は吸うことから噛みつぶし飲み込むことへと変化し、乳汁から固形物へと調理形態も変化していく時期です。

離乳食の進め方を通して食べ物の取り込み方、口腔内での咀しゃく、えん下機能を体験的に学習していきます。

月齢	口腔内の機能	調理形態	保育者の援助
5～6か月頃 （一日1回）	唇を閉じてえん下する。舌の前後運動で離乳食を喉に送り、えん下する。	つぶしがゆやすりつぶした野菜など、ドロドロ状のものを与える。	声かけをし、食べる呼吸を整える。上下唇ではさみとらせる。食具の使い方、子どもの抱き方、与え方に留意する。
7～8か月頃 （一日2回程度）	前歯が生え始める。舌の上下運動で上あごに押しつけ、つぶして食べる。口角が左右に伸び縮みし、口唇が引き締まってくる。	舌でつぶせる程度の硬さにする。野菜やたんぱく質食品を組み合わせる。細かく刻まず、形あるものを煮て与える。	食具の幅や深さに配慮する。一口ではさみとらせ、上あごと舌の動きでつぶせるようにする。
9～11か月頃 （一日3回へ進める）	頬をふくらませ歯茎ですりつぶす。舌、口角、下あごに複雑な動きが出てくる。すする動作もできるようになる。	歯茎でつぶせる硬さ（バナナ状）にする。離乳食の量が多いと乳汁を飲まない場合もある。アレルギー症状に配慮する。いろいろな食品をバランス良くとる。	前歯で大きさ、量を調節し、取り込ませるように配慮する。舌で奥の歯茎に運び、上下の歯茎で固定してつぶすなど、あごが複雑に動くようすを確認する。
12～15か月頃 （一日3回に整える）	食べ物を手でつかみ口に運び、前歯でかじりとる。スプーンから一口量を取り込む。	手に持てるもの、口腔内で処理できる硬さ（肉団子程度）のものを与える。	手づかみ食べを基本に、こぼしながらも食具を使って食べるように促す。手づかみしやすいように食卓と椅子の高さを確認する。

乳汁と離乳の関係

離乳開始後も、乳汁（母乳または育児用ミルク）は子どもの欲しがるままに与え、徐々に離乳食の量を増やしていきます。生後12か月頃から乳汁以外の食物で栄養やエネルギーがとれるようになり、次第に乳汁は必要なくなります。
※子どもの発達により個人差があるため、あくまでも目安にしましょう。

この時期のポイント

- お座りから一人歩きへと、行動範囲が広がる
- 口腔機能の発達とともに、固形物を咀しゃくしえん下するようになる
- 食べ物に興味や関心を持ち始め、手づかみで食べる

第2章 子どもの発達と食育

おおむね 1歳3か月～2歳未満の発達と食育

自由に歩き回るようになり、跳んだり登ったり潜ったりと、いっそう目が離せません。自立心が旺盛で自己主張も多く、友達とのトラブルが多発します。なんでも自分でしたがり、周りの大人を困らせます。

心と身体

長い距離も一人で歩き散歩を楽しむ

椅子によじ登る、手を引くと階段を上るなどして満足します。全身運動が活発になり、押す、投げる、跳ぶ、登るといった動作ができるようになり、大人の援助のもと、公園の遊具であそびます。長い距離を一人で歩き、散歩を楽しみます。

自我が芽生え自己主張する場面も

1歳3か月を過ぎると、大人の声かけに片言で答え、友達が持っているものを取り上げたりします。駄々をこねたり自己主張することが多くなり、2歳近くになると、恥ずかしがったり、怒ったり、すねたりと、感情表現が豊かになります。
保育者は子どもの思いに寄り添い、信頼関係を築いていきましょう。

あそび

好奇心を刺激する素材や形にふれてあそびの幅が広がる

ボールを両手で持ち、投げたり追いかけたりと飽きることなく続けます。手を使った繰り返しあそびや、さまざまなおもちゃの特性を経験して、好奇心を培います。粘土などのあそびでは、冷たい、温かい、柔らかいなどの感触の変化を楽しみます。

ペンやクレヨンを握り手を自由に動かして線を描く

ペンやクレヨンなどを握って、自由に線を描きます。ぐるぐると自分の思い通りに手を動かし、線が描けるおもしろさを味わいます。保育者は、あそぶときの姿から、子どもの手指発達の段階を見極めましょう。食事のときの食具の持ち方指導に生かせます。

保育者の援助

トラブルは、子どもの欲求がどこにあるかを見極めて

行動範囲が広がり、好奇心が旺盛になって、おもちゃをめぐり友達とのトラブルが絶えません。人とのかかわりには必要な体験で、両者の気持ちに寄り添い、じっくり対応しましょう。

なんでも「いや」「自分で」と言い張りますが、いずれの姿も成長する上で欠かせません。子どもの欲求を理解した上で、意欲がなえることのないよう対応しましょう。

食事

食事は子どもが「自立」を獲得するプロセス

手づかみ食べから食具を使って食べるようになります。はじめはうまくいかず、こぼしながら食べますが、すぐ対応せず見守りましょう。経験を積み重ねるうちに、手首や指先を調整しながら食べるようになります。「食べさせてもらう」から「自分で食べる」自立に向けた時期です。

この時期のポイント

❋ 自我が芽生え自己主張が始まる
❋ 一口量を調節して食べるなど、自立食べの第一歩が始まる
❋ 幼児食への移行期で、いろいろな食感や味覚を体験する

離乳の完了

- 時期…13〜15か月（遅くても18か月）
- 口の機能…口唇、口角を自由に動かせる。乳臼歯ですりつぶして食べる。
- 調理形態…乳歯が生えそろうのは3歳前後のため、まだ配慮が必要。

●子どもの動作と保育者の援助

子どもの動作	保育者の援助
STEP 1 手づかみ食べの開始 親指と人差し指を使い、つまむように食べる。	手づかみ主体で発達を促す。手や指の機能をチェックする。
STEP 2 一口量を取り込む 口唇で食べ物を固定し前歯で一口量を取り込む。	手、目、口が協調した動きを見極める。食べ物の硬さ、大きさを調節する。
STEP 3 前を向いて口の中央から取り込む 頭を動かし口角から食べる動作が、前を向き口の中央から食べる動作へ移行する。	咀しゃく機能を獲得させる。規則正しい食事リズムを確立する。

この時期に見られる子どもの姿

早食いの子ども

「柔らかい」「冷たい」「甘い」など、食べ物を口にしたときの食感や味覚は体験し脳に記憶されます。味わって食べられるように、保育者は「甘いね」「冷たいね」など五感を意識することばかけをしましょう。

食具の持ち方が不安定な子ども

スプーンの持ち方は、上手握りから下手握りに移行します。親指、人差し指、中指の3本を使い大豆をつまんで移すあそびなどを通し、「つまむ」「握る」ことに慣れさせましょう。

大人とのやりとりを楽しみ「なぜ？」「どうして？」を繰り返す

ことばの発達が二語文から三語文へと進み、語彙（ごい）も増えてきます。欲求をことばにして伝えるようになりますが、一方で、気持ちをうまくことばにできず、感情が揺れ動くことも。「なぜ？」「どうして？」と質問を繰り返し、返答があると満足するなど、大人とことばのやりとりを楽しみます。

心と身体

「いや！」「自分で！」と主張する第一次反抗期が現れる

自分でやりたい欲求や意志を邪魔されると憤慨し、「やだ！」「自分で！」と言い張ります。ときには言って聞かせる場面も必要ですが、子どもの自己主張は自我の芽生えの証でもあり、認めてほしいという気持ちを尊重した対応が大切です。友達とのかかわりを重ね、「順番性」や「思いやる」といった社会経験を積みます。

おおむね 2歳の 発達と食育

乳児から幼児へと移行する時期で、心身ともに自立し始めます。話しことばが上達し、「なぜ？」「どうして？」と繰り返し質問し、自分の欲求を主張するようになります。

園庭で、遊具を使い体を動かしてあそぶ

2歳前半は、園庭の遊具に夢中になり、何度も行ったり来たりしながらあそびます。道具であそぶことに慣れ、砂場では保育者といっしょに泥団子を作り、スコップで砂山を作って楽しみます。

保育室では、リズムに合わせて体を動かしたり、ごっこあそびでお母さん役をしてあそぶなど、あそびの幅が広がります。

あそび

身近なものを何かに見立てイメージを膨らませてあそぶ

2歳後半になると、平均台を橋に見立てたり、テーブルや椅子を秘密基地に見立てて潜り込み、誰かに見つかるのをワクワクしながら待ちます。空想の世界であそび、ヒーローやお店屋さんなどのごっこあそびを楽しみます。

クレヨンやハサミを使い簡単な製作も試みて、手先の操作を促しましょう。

保育者の援助

個別にかかわるが、集団生活も体験するように導く

子どもによって発達のスピードが異なるこの時期は、個別のかかわりが基本です。一方で、集団の中で友達とかかわり「順番」や「譲り合い」を体験することも大切です。保育計画に基づいて、集団活動も経験させましょう。また、「自分で！」と譲らない反面、保育者に甘え、やってもらいたがったりもします。子どもの意欲を見極め、達成感を味わえるような援助を心がけましょう。

この時期のポイント

第2章 子どもの発達と食育

* 「自分で！」「いや！」など、自己主張がいっそう強くなる
* 食欲にムラが出て、好き嫌いが表れる
* スプーンやフォークを使って食べるようになる

食事

自立食べに慣れ、食具の使い方をまねする

乳歯が生え揃っても、繊維質や硬いものは食べやすく調理しましょう。好き嫌いが出てくる時期です。栄養の偏りには注意しましょう。

2歳前半は、スプーンやフォークの持ち方を教えると、大人のまねをして食べます。後半には、食事マナーや挨拶について声かけし、繰り返して習慣化を図ります。

保育者の援助

具体的な声かけをして、食べる意欲を高める

食事の時間は、食べることを通して五感や心を育てます。「おいしいね」を繰り返すだけではなく、今日のメニューに合わせて「熱いからフーフーしてね」や「ちょっと硬い？」「甘いでしょ」など具体的な声かけをして、体験していることと語彙が結びつくように導きましょう。

五感で味わう体験は、食べ物への興味や関心を育て食事の意欲を高めます。

この時期に見られる子どもの姿

食事に集中しない子ども

準備して、食べて、片づける、という食事の一連の流れに基づいた食環境を整えます。ナフキンを食卓に準備し、「いただきます」とともに音楽を流し、食事の時間はゆっくりと過ごします。「ごちそうさま」の後は保育者とともに片づけましょう。

食事に時間がかかる子ども

好奇心が旺盛で自己主張が始まり、あそび食べ、小食、ムラ食いなどを繰り返す子がいます。年齢を経ると解消されますが、食事の時間は30分として、時間が経ったら声かけして片づけましょう。

「どうして？」を繰り返し
依存から自立へと移行する

　会話を楽しむようになります。食事や排泄、衣類の着脱など日常生活のほとんどが自分でできるようになります。大人への依存から自立へと移行する時期です。好奇心が広がり「どうして？」とたずねることが多くなりますが、子どもの疑問にはていねいに応え、信頼関係を築きましょう。

心と身体

運動機能の発達に伴い筋肉がつき
スリムな体型になる

　基本的な運動能力が増し、うまく走れるようになるなど、運動発達に伴って筋肉がつき、体型が引き締まってきます。脚力もつき、バランス感覚が高まります。片足立ちやつま先立ちをし、リズミカルに身体を動かすことができます。手先も器用に動かし、箸やハサミが使えるようになります。

おおむね 3歳の 発達と食育

　体型が変化し、記憶力やことばの発達も著しく、急に大きくなったなと感じる時期です。集団生活を楽しみ健康な生活リズムを確立することで、さらなる自立へと進みます。

仲間との関係を通し
ルールや決まりごとを学ぶ

　友達とかかわる中で、順番やルールを守ってあそぶと楽しく、守らないと混乱を招くという経験を繰り返し、生活やあそびにはルールや決まりがあることを認識します。記憶力が顕著に発達し、語彙が急激に増えます。人気歌手の振りつけをまねし歌って楽しませるなど、仲間で盛り上がることもあります。

あそび

自分がやりたいあそびを工夫し
発展させていく

　自分のやりたいあそびを選び、工夫し発展させて楽しむことができます。ままごとあそびや積み木を好み、子どもたち自身のやり方をみつけて楽しみます。保育者が役立ちそうな物を用意しておくと、子どもたちのアイデアが広がり、さらに工夫してあそびます。

保育者の援助

失敗したら見守り、達成感を体験させる

　身の回りのことを自分でするようになる時期ですが、失敗も少なくありません。援助したらスムーズにいくと思うことも、やり過ぎは禁物で、保育者の根気が必要です。自分でやった達成感や満足感を経験すると、次は「見てて！」と要求し、挑戦しようと試みます。しかしできないと「やめた」と投げ出すことも多く、意欲の低下につながらない声かけや働きかけが必要です。

食事

自立食べが完成し、集団で食べる楽しさを味わう

　乳歯が生え揃い、スプーンやフォークを使って一人で食べられるようになります。また、食べ物の種類や量を自分で選ぶようになり、好き嫌いや少食につながることもあります。

　しかし、友達に影響を受けて克服したり、箸づかいをまねするうちに上達したりと、集団での環境が良いほうへ進むことも少なくありません。

この時期のポイント

第2章　子どもの発達と食育

* 運動機能が増し、仲間との会話を楽しみ合い自立が進む
* 集団生活を通し、食事のマナーやルール、楽しみを覚える
* 食具を使って、自分でこぼさずに食べる

保育者の援助

食行動を観察し、次の段階を見極める

　自立に伴って、好き嫌いやムラ食いなど、問題行動も発生します。保育者は見守る姿勢で対応し、必要以上の援助は控えましょう。食事の時間は30分とし、「いただきます」から5分間は声かけを控え、落ち着いた環境で食事を楽しみます。

　子ども一人ひとりの食行動を観察し、背景を把握して子どもへの指導にいかしましょう。

この時期に見られる子どもの姿

自分で食べられない子ども

　自分から積極的に食べようとしない子は、お腹がすいて、偏食や過度の間食に発展します。家庭ではいつも大人が援助している可能性があり、家庭と連携をとり合って、子どもの自立に向け共通認識を持って対応にあたりましょう。

箸を持てない子ども

　3歳では、箸への移行を焦る必要はありません。むしろ日常のあそびを通し、指先を思い通りに動かすなど、手指の操作状況の観察が必要です。手先のあそびがスムーズになってきたら、箸への移行を検討しましょう。

おおむね4歳の発達と食育

内緒話をしたり、かけっこで負けると悔しがります。友達とかかわる中でさまざまな思いを経験します。心身の発達を見守りながら、社会性の発達を見極め、適応力を培うように保育を進めましょう。

心と身体

人に見られている自分が気になり自意識が芽生え始める

衣類の着脱や排泄、食事といった基本的生活習慣が形成されます。友達とのかかわりも強くなり、競争心が芽生え、思いの違いからトラブルに発展することもしばしばです。「人に見られている自分」を意識し、自意識が芽生える一方で、人の気持ちや立場を思い「大丈夫？」と優しいことばをかける心の育ちも見られます。

ブランコやスキップを楽しみ音楽やリズム表現も上達する

ブランコをこぎ、スキップをするなど、バランスやリズム感覚が必要な運動が上達します。同時に音楽表現も発達し、クラスのみんなと気持ちを一つにして歌い、演奏するなどの感動を体験します。運動会や発表会では、子どもたちが楽しみながら達成感を体験できる内容を考え、心身の成長へとつなげましょう。

あそび

共同の遊具をみんなで使いあそびのマナーを身につける

園庭の遊具は共同で使い大切にする、順番を守る、といったマナーを身につける時期です。友達と何人かで気に入ったあそびを見つけ、できないことにも挑戦しながら繰り返しあそびます。勝ち負けの認識も芽生え、負けると泣いて悔しがり、怒ったりすねたりします。あそびの中から多くのことを学びます。

本物であそぶ体験は生活動作や操作が身につく

ままごとあそびを好んで行う時期です。家庭で不要になった鍋や茶碗、調理器具などを集めて、ままごとコーナーを作りましょう。おもちゃの道具と違い、本物は落としたら割れ、壊れます。本物を使う楽しさを味わうと、身の回りのものの扱い方を知り、生活の動作や道具の操作の獲得に役立ち、物を大切に扱うことを覚えます。

保育者の援助

協力し合う心地良さを実感できる活動を

友達とグループを作っていっしょにあそぶことが楽しくなるこの時期は、集団生活の基本を学ぶ機会となります。たとえば4〜5人のグループを作り、当番活動を始めるのも効果的です。

役割を分担しながら仕事をやりとげ、満足感や充実感を得ることで、互いの存在の必要性を実感します。グループ活動は、自分の意見を言う、人の話を聞く練習の場となります。

食事

会話を楽しみながら食べ、食事マナーや箸の使い方を習得する

4歳を過ぎると、よく噛みながら効率良く食事することができるようになります。

食事をしながら会話し食事時間を楽しみ、嫌いなものも食べてみようとする気持ちが芽生えます。食事中は座って、食具を使って食べるなど、マナーを守ることで、みんなが心地良く食べられることの大切さを認識します。

保育者の援助

楽しい食事と騒がしい食事、どう違う？

会話しながら楽しく食べる時間は、ときにおしゃべりに夢中になり、食事が進まないトラブルに発展することもあります。保育者は、雰囲気を壊さず食事に集中できる環境作りを心がけましょう。

食事の時間は30分を目安にし、騒がしくなりそうな気配を感じたら、食事に関する話題を提供するなど、切り替えられる工夫が必要です。

この時期のポイント

第2章　子どもの発達と食育

* 見られる自分を意識するなど、自意識が芽生え始める
* 会話を楽しみ食事するなど、2つのことが同時にできる
* 食卓マナーを理解し、心地良く食べる楽しさを認識する

この時期に見られる子どもの姿

数や量、文字に関心のない子ども

数えたり比べたりしてみることが楽しくなる時期です。保育者は、保育活動の中にお店屋さんごっこやレストランごっこなど、数や文字に関連するあそびを取り入れ、関心を育てましょう。

クッキング保育の後、試食をレストラン形式にするといっそう盛り上がります。

ごちそうさまを言わない子ども

何でも食べられる時期で、ついつい完食を強要してしまうこともあります。「ごちそうさま」を言わない子は、残食をチェックされることにストレスを感じているのかもしれません。子どもの気持ちを受け止め、対応しましょう。

おおむね5歳の発達と食育

精神的にも知的にも急激に成長する時期です。食事中に会話を楽しんだり、料理の感想を言い合ったりとことばへの興味も高まります。食事内容だけでなく、食卓を取り巻く環境設定にも心がけましょう。

心と身体

内面的な成長が著しく自分なりに考えて判断する

言われたことに従うだけから一歩進み、言われたことと自分の考え方を照らし合わせ、納得すれば動くようになります。物事の善悪やするべきことを理解し、ときには周りの人の行動を「ずるい」「おかしい」などと批判することもあります。反面、「してはいけないこと」を理解し、自制する心も芽生えます。

基本的生活習慣は確立し協調性が身につく

生活に必要な動作や操作は身につき、援助を必要としません。自分の思いや考え方をことばで伝え、人の話すことが理解できるようになります。グループの中でルールを守り、自分の役割を理解するなど、協調性が身につき始めます。お手伝いや当番活動に進んで取り組む姿が見られます。

あそび

ことばを使うあそびを通して表現力や理解力を育てる

絵本や名札、カードなど保育室の中にある文字に興味を持ち、文字を使う便利さや楽しさを実感する時期です。日常のあそびの中に文字や記号を使うものを取り入れ、ことばあそびを楽しむことで、さらに語彙（ごい）が増えてきます。ことばを使う機会を増やし、その便利さを実感する活動が望まれます。

自分の思いをことばや動きで表現して楽しむ

自分の気持ちに合うことばを選び、表現するようになる時期です。およそ5000語の語彙を身につけるといわれ、「伝言あそび」のようなことばあそびを取り入れ、聞く楽しさ、伝わるうれしさを体験させましょう。ときには理解できない難しいことばも入れ、興味を引き出しあそびを盛り上げます。

保育者の援助

大人の姿を見て、社会性が育つ

ことばの発達や理解とともに、自分で選んで行動する自主性、相手の気持ちを察し、状況に応じて我慢する自律性などが芽生えてくる時期です。ときには心の葛藤を経験することもありますが、人に親切にする心、ルールを守って行動するなどの社会性は、周りの大人の姿を見て学びます。保育者の行動は、子どもにとっての判断基準ともなり、お手本ともなります。

食事

**食事の楽しさを実感できる演出や工夫
感想をことばにして、思いを共有できる体験を**

　会話力が発達し、人と協調する力がつくこの時期は、食事を通してさまざまな体験を重ねる時期です。食事の中で「冷たくておいしいね」「これ好き？」などと交わすことばで共感し、自分と違う意見があることを実感します。たとえば「訪問ランチ」で違うクラスの友達との交流も思いを共有する体験のひとつです。

この時期のポイント

- 基本的生活習慣が確立し、物事に対する判断力がつく
- 食事時間を他者と共有して楽しむ
- 手伝いを通して、役立った喜びを実感する

第2章　子どもの発達と食育

保育者の援助

家庭での手伝いを促す

　家庭での手伝いを通して、子どもは家族の一員であることを認識し、役立つ喜びを実感します。台所での手伝いは、食生活を営む力の基礎を培う機会となり、子どもは達成感を得ます。
　手伝いを保護者に提案するだけでなく、園でもクッキング保育を取り入れ、子ども同士で協力し合い、作り上げる体験を味わいます。

この時期に見られる子どもの姿

箸を使えない子ども

　無理に教えては、食事時間が憂うつになるばかりです。それよりも、周りの大人や友達が箸を上手に使う姿を見るほうが効果的です。友達のまねをしていたら自然にできるようになった、という子も少なくありません。あそびを工夫し、楽しく繰り返し練習しましょう。

食に興味がない子ども

　幼児期は味覚学習の過渡期です。五感をしっかり使った食べ方ができるように導くことが大切です。「サクサクして甘い」「柔らかくてちょっと酸っぱい」など、ことばに表して食すると、子どもの味覚は育ちます。味覚の成長とともに食べ物や味わいに興味や関心が育ちます。

おおむね6歳の発達と食育

小学校入学を控えたこの時期は、身体機能だけでなく、精神的にも著しく成長します。食事の楽しさだけでなく、バランス良く食事をとることの大切さ、病気にならない健康な身体作りについても理解します。

心と身体

知識欲が増し目的に向かって頑張る姿も

本を読んだり、文字を書いたりすることに、積極的に取り組みます。自分でやりたいことを見つけ、目標に向かって最後までやりとげる意志も芽ばえます。気の合う仲間とグループを作り、意見を言い合ったり、互いの良さを認め合うようになり、友達の成長を保育者に報告する姿も見られます。

社会の一員としての基礎が培われる時期

今までの体験を土台にして、物事の善悪についての認識を深める時期です。併せて自分の行動の善し悪しについてもわきまえることができます。友達同士であそびを工夫し合い、楽しみ合いながら生活を営む力が育ちます。小学校入学を前に、社会人としての基礎が培われ、集団生活の基本を身につけていきます。

あそび

人とのかかわりが増え表現力が豊かになる

お店屋さんごっこや家族ごっこなど、あそびの中で役割の特徴をとらえ、動作やせりふらしさを表現することを楽しみ合います。保育者を介さず、仲間同士で相談し助け合いながら、長い時間、熱中してあそぶことが多くなります。戸外あそびを好む子と室内あそびを好む子にわかれていきます。

身近なものを大切にし工夫しながらあそぶ

あそびの内容に合わせて、自然物や空き箱、廃材などを友達と持ち寄り、譲り合いながらあそびます。限られた材料を大切に使うことを覚えると、「電気のつけっぱなしはダメ」と言うなど、生活の中に体験を活かすようになります。動物の飼育や作物の収穫体験などを通し、命の大切さについても認識します。

保育者の援助

地域の人とかかわりを持つ

商店街の見学をしたり、園周辺の人々のようすを見て回る機会を設けましょう。地域の人たちとの交流は、絆を身近に感じます。活動後、商店街での体験を話し合いながら、ごっこあそびを楽しみ、地域の人々へ感謝の気持ちを込めて「お招き食事会」を開くのもアイデアのひとつです。地域の人々に守られて生活していることを実感する機会は、社会の一員として暮らす基礎が培われます。

食事

規則正しい生活習慣の形成期
身体の機能や健康維持に意識を向ける

元気に身体を動かしたら休息をとる、十分な睡眠をとりバランスの良い食事をする、といった規則正しい生活習慣を完成させる時期です。それには、自分の身体の機能や病気にならない食生活について考えることが大切です。機会を設けて身体の仕組みや食生活の偏りと病気の関連性について話しましょう。

この時期のポイント

第2章 子どもの発達と食育

* さまざまな人とのかかわりが増え、友達の良さに気づく
* 規則正しい基本的な生活習慣が形成される
* バランス良く食事することの大切さを知る

保育者の援助

等身大のパネルやクイズ形式で楽しく学ぶ

身体の諸器官とその役割は等身大パネルを用意すると便利です。クイズ形式で楽しみながら、諸器官の機能と役割を学びます。また、食べ物との関連性も知らせましょう。身体の具合が悪くなったときをイメージし、食事の大切さを認識します。エネルギーのとり過ぎは肥満に、ビタミン不足は皮膚や目のトラブルに、カルシウム不足は骨折につながるなど、具体的に説明するとわかりやすいでしょう。

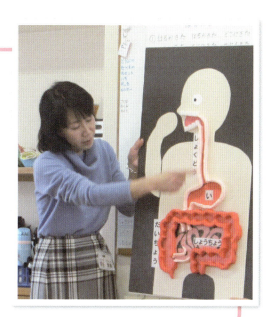

この時期に見られる子どもの姿

食の細い子ども

食生活に関するチェック項目シートを保育室に貼り、達成したらシールを貼るなど、毎日楽しみながら食べることに興味を持たせましょう。友達とシールの数を競いながら、食生活の自律を促すきっかけになるでしょう。

野菜を食べない子ども

季節の移り変わりとともに、旬の野菜や果物は変化します。旬の食べ物はおいしく栄養量も豊富です。その時期ならではの食材や、育つ場所の違いにふれ、旬の味わいを楽しむ素晴らしさを体験し、食材への興味を育てましょう。

6か月未満児から3歳以上児の 食育のねらい

生涯にわたって健康で質の高い生活を送る基本となる「食」について、乳幼児のうちから楽しく、かつ主体的に食べられるように、国では年齢や発達にともなったねらいを定めています。

厚生労働省「保育所における食育に関する指針」より抜粋

6か月未満児
ねらい
1. お腹がすき、乳（母乳・ミルク）を飲みたい時、飲みたいだけゆったりと飲む。
2. 安定した人間関係の中で、乳を吸い、心地よい生活を送る。

6か月～1歳3か月未満児
ねらい
1. お腹がすき、乳を吸い、離乳食を喜んで食べ、心地よい生活を味わう。
2. いろいろな食べものを見る、触る、味わう経験を通して自分で進んで食べようとする。

1歳3か月～2歳未満児
ねらい
1. お腹がすき、食事を喜んで食べ、心地よい生活を味わう。
2. いろいろな食べものを見る、触る、噛んで味わう経験を通して自分で進んで食べようとする。

2歳児
ねらい
1. いろいろな種類の食べ物や料理を味わう。
2. 食生活に必要な基本的な習慣や態度に関心を持つ。
3. 保育士を仲立ちとして、友達とともに食事を進め、一緒に食べる楽しさを味わう。

3歳以上児

食と健康
ねらい
1. できるだけ多くの種類の食べものや料理を味わう。
2. 自分の体に必要な食品の種類や働きに気づき、栄養バランスを考慮した食事をとろうとする。
3. 健康、安全など食生活に必要な基本的な習慣や態度を身につける。

食と人間関係
ねらい
1. 自分で食事ができること、身近な人と一緒に食べる楽しさを味わう。
2. 様々な人々との会食を通して、愛情や信頼感を持つ。
3. 食事に必要な基本的な習慣や態度を身につける。

食と文化
ねらい
1. いろいろな料理に出会い、発見を楽しんだり、考えたりし、様々な文化に気づく。
2. 地域で培われた食文化を体験し、郷土への関心を持つ。
3. 食習慣、マナーを身につける。

いのちの育ちと食
ねらい
1. 自然の恵みと働くことの大切さを知り、感謝の気持ちを持って食事を味わう。
2. 栽培、飼育、食事などを通して、身近な存在に親しみを持ち、すべてのいのちを大切にする心を持つ。
3. 身近な自然にかかわり、世話をしたりする中で、料理との関係を考え、食材に対する感覚を豊かにする。

料理と食
ねらい
1. 身近な食材を使って、調理を楽しむ。
2. 食事の準備から後片づけまでの食事づくりに自らかかわり、味や盛りつけなどを考えたり、それを生活に取り入れようとする。
3. 食事にふさわしい環境を考えて、ゆとりある落ち着いた雰囲気で食事をする。

第3章
保育の一環としての食育計画の立て方

食育計画とは、保育全体の計画の中に位置づけられるものです。5つの園の実例を参考に、子どもが主体となり、園全体や家庭が連携できる計画を立てましょう。

食育計画を立てるために

食育計画といってもその形式はさまざまです。どのように立てたら良いか、どのような項目をどの時期に組み込むと良いかなど、園の教育課程または保育課程を踏まえながら計画を立てていきましょう。P54から紹介している5つの園の実際の食育計画も参考にしてください。

計画の前に押さえておきたいこと

保育の一環として園全体で作成

食育計画は、多くの場合、各園の栄養士や調理員が立てています。しかし、本来「食育」とは毎日の食事が基本となるため、保育の中に位置づけられていなければなりません。つまり、園の教育課程または保育課程や保育内容を踏まえたうえで立てる計画なのです。そして、保育の一環であることから、栄養士が中心となり、保育者や園全体で話し合うことがのぞまれます。

まずは、計画を立てる前に、食育基本法や厚生労働省「保育所における食事の提供ガイドライン」などを参考に、保育全体における食育のあり方や、乳幼児期の食事の大切さなどについて考えてみましょう。

職員同士の連携を深めていく

食育計画を立てるうえで、押さえておきたいのが、2015年改訂の日本人の食事摂取基準です。園全体で共有し、数値だけでなく、改めて園における食事の役割や内容、提供する際の環境作りなどを見直してみる良い機会といえるでしょう。

人間にとって食事とは、いのちを維持し、身体の発達に欠かせないものです。そして、子どもにとっては友達と楽しむ、調理過程を知る、食材にふれる…など、食べることだけでなく、食事を通して五感を育み、心を成長させる重要な要素となります。園全体で協力し、食育に取り組みましょう。

〈推定エネルギー必要量（kcal/日）〉

月・年齢	男	女
0～5か月	550	500
6～8か月	650	600
9～11か月	700	650
1～2歳	950	900
3～5歳	1300	1250

厚生労働省「日本人の食事摂取基準（2015年版）」

園の食事の役割

心と身体の発育・発達のために

乳幼児にとって心と身体の発達と、食べることは密接に関係しています。この時期、食事から摂取するエネルギーや栄養素は、健康の維持や活動に使われるだけでなく、脳や神経機能、食べる器官や味覚などの発育・発達に大きく影響します。また、食事のときの人とのかかわりを通して、感情や自我の発達が促され、社会性や主体性が育まれていきます。

食事にかかわる大人の存在

子どもには、食事提供のしかたや食事にかかわる人との関係が重要になります。受け身で食べさせてもらうのではなく、食材を育てる人や食事を作る人、いっしょに食べる人の存在に気づき、ときにことばを交わしながらかかわることで、食事を自ら主体的に楽しむようになります。さらに発達に合わせて食事内容や食具を変化させる工夫で食にかかわる体験が広がります。

第3章 食育計画の立て方

お腹がすくリズムのもてる子ども
たくさんあそび、体験し、食事の時間になったら「お腹がすいた」と感じられるような生活リズムを送る。自分自身で空腹感を満たす適量がわかるようになる。

食べたいもの、好きなものが増える子ども
栽培や収穫した物を調理する体験などを通して、五感が育ち、さまざまな食べ物に興味や関心を持つ。さらに、自然の恵みに感謝する気持ちが芽生える。

めざす子どもの姿 〜楽しく食べる子ども〜

食べものを話題にする子ども
食材の生産者や食事を作る人と身近にふれあうことで、栽培や食材のいのちにも関心が高まり、食べ物についての話題で会話をするようになる。

食事づくり、準備にかかわる子ども
給食の下ごしらえやクッキング保育などを通して、食べることと食事作りや食事の場を準備する大切さとが結びつき、食べる喜び(生きる喜び)に気づく。

一緒に食べたい人がいる子ども
友達や保育者と食事の時間を過ごすことで、誰かといっしょに食べる楽しさを実感し、食べることへの意欲や、人に対する愛情、信頼感が育つ。

食を営む力を育てる

- **食と健康**：食を通じて、健康な心と身体を育て、自らが健康で安全な生活を作り出す力を養う
- **食と人間関係**：食を通じて、ほかの人々と親しみ支え合うために、自立心を育て、人とかかわる力を養う
- **食と文化**：食を通じて、人々が築き、継承してきたさまざまな文化を理解し、作り出す力を養う
- **いのちの育ちと食**：食を通じて、自らも含めたすべてのいのちを大切にする力を養う
- **料理と食**：食を通じて、素材にかかわり、素材を調理することに関心を持つ力を養う

食を営む力を育てるために＜計画を立てるうえでのポイント＞

❋ 食べることを楽しみ、食事を楽しみ合う

> 第5章　健康及び安全
> 3　食育の推進
> 保育所における食育は、健康な生活の基本としての「食を営む力」の育成に向け、その基礎を培うことを目標として、次の事項に留意して実施しなければならない。
> （1）子どもが生活と遊びの中で、意欲を持って食に関わる体験を積み重ね、食べることを楽しみ、食事を楽しみ合う子どもに成長していくことを期待するものであること。

人といっしょに食べる楽しさを知る

　子どもの食事に大切なことは「これ、おいしいね」と気持ちを共感し合ったり、食べ物の話をしたりしながら、友達や保育者、家族と食べることです。体験を重ねることで「一人で食べるより、いっしょに食べるほうがよりおいしい」と感じることができます。乳児の場合も、壁に向かった状態で保育者が食べさせるのではなく、ある程度介助をしながら友達と保育者とで同じテーブルを囲み、楽しい時間を共有しましょう。

❋ 食に関する保育環境

> （3）子どもが自らの感覚や体験を通して、自然の恵みとしての食材や調理する人への感謝の気持ちが育つように、子どもと調理員との関わりや、調理室など食に関わる保育環境に配慮すること。

体験から食べる意欲へとつなげる

　プランターから広大な畑まで、園によってさまざまな規模で行われる栽培活動。子どもたちは体験を通して、食べ物が土や雨、太陽の光で育つ自然の恵みであり、育つまでの過程や大変さを学びます。また、野菜の皮むきなど給食の下ごしらえやクッキング保育といった調理体験では、食材がどのように変化し、料理になるのかを視覚や嗅覚、動作を通じて学びます。そのとき、食材やできあがった料理を前にして、栄養素や食材の特徴について伝えるのも良いでしょう。子どもたちにとって具体的でわかりやすく、楽しみながら知識も身につけることができます。

❋ 乳幼児にふさわしい食生活・食事内容

> （2）乳幼児期にふさわしい食生活が展開され、適切な援助が行われるよう、食事の提供を含む食育の計画を作成し、保育の計画に位置付けるとともに、その評価及び改善に努めること。

自分で適量を判断し、意欲的に食べる

　3歳頃までは、よく身体を動かして空腹を感じ、自分にちょうど良い量をよく噛んで食べ満腹感を得るという経験を、毎日積み重ねることが大切です。次第に自分がどのくらい食べられそうかなどの見通しをことばで伝えるようになります。適量がわかると「どんな味がするのかな。食べてみよう」など前向きな気持ちで食事することができ、さらに残さず食べられることで達成感を覚えて毎日の食事を楽しむようになります。
　そうした食事中の子どもの姿はもちろん、保育内容も踏まえたうえで献立や食育計画を作ることが、保育の一部としての食育＝食事の提供へとつながります。

調理する人や産地の人に関心を持つ

　栽培や調理体験を増やすことで、食材や料理そのものから、さらに産地の人々やふだん調理してくれる人へと興味や関心が広がっていきます。保育者が具体的な名前や顔を伝え、子どもたちがその人物と食材や料理とを結びつけられることで、食事の大切さや感謝の気持ちが実感となって芽生えるようになります。

乳児から幼児まで一人ひとりの子どもへの対応

（4）体調不良、食物アレルギー、障害のある子どもなど、一人一人の子どもの心身の状態等に応じ、嘱託医、かかりつけ医等の指示や協力の下に適切に対応すること。栄養士が配置されている場合は、専門性を生かした対応を図ること。

「食は保育である」考えに基づいて

0～6歳までさまざまな子どもたちがいる園で、一人ひとりに合わせた食事の対応を行うことは難しくなっています。離乳食やアレルギーなど、園に求められる対応にどのように応えるべきでしょうか。それには、保育者と栄養士・調理員、つまりは園全体が「チーム保育」として互いに連携を深め合うことが不可欠です。食育を保育と切り離さずに全職員で対応するよう心がけましょう。

家庭との連携が必要不可欠に

前日の降園から翌日の登園まで生活の連続性を大切にする園生活では、家庭での過ごし方を踏まえて朝からの生活を見通します。食事面も家庭での食事内容や食欲、便通、体調を把握し、給食やおやつに個別に対応しましょう。また、日頃から保護者の食事に関する相談などに対応できる体制を整えておくようにしましょう。

計画を立てるうえでのポイント

- [ ] **めざす子どもの姿に基づいた計画になっていますか？**
  - ・園の指導計画に「食育計画」が含まれている。
  - ・「食育計画」の内容を全職員で共有している。
  - ・計画を基に食事提供・食育を行い、随時改善している。

- [ ] **調理員や栄養士の役割は明確になっていますか？**
  - ・食にかかわる人が、子どもの食事の状況を見ている。
  - ・保育内容を理解し、献立作りや食事提供をしている。
  - ・食事する姿や残食状況を踏まえ調理を工夫している。

- [ ] **乳幼児期の発育・発達に応じた食事の提供になっていますか？**
  - ・年齢や個人差など個々に応じた食事を提供している。
  - ・子どもの発達に応じた食具を使用している。
  - ・保護者と連携して、離乳を進めている。

- [ ] **子どもの生活や心身の状況に合わせて食事が提供されていますか？**
  - ・食事をする場所は衛生的に管理されている。
  - ・落ち着いて食事のできる環境となっている。
  - ・生活リズムや保育状況に合わせ柔軟に対応している。

- [ ] **子どもの食事環境や食事の提供の方法は適切ですか？**
  - ・大人や友達と、いっしょに食事を楽しんでいる。
  - ・ときには外で食べるなど食事形式を工夫している。
  - ・できたての物など、最も良い状態で提供している。

- [ ] **園の日常生活において「食」を感じる環境が整っていますか？**
  - ・調理過程や調理する人の姿にふれることができる。
  - ・食事を通じて五感が育つような配慮がされている。
  - ・身近な大人や友達と「食」を話題にする環境がある。

- [ ] **食育の活動や行事について配慮されていますか？**
  - ・本物にふれるなど食にかかわる活動を行っている。
  - ・食の文化が継承できるような活動を行っている。
  - ・行事食を通して季節を感じ、旬を知ることができる。

- [ ] **食を通した保護者への支援がされていますか？**
  - ・一人ひとりの家庭での食事の状況を把握している。
  - ・園の食育など保護者の関心を促す情報を伝えている。
  - ・保護者の食への相談に対応できる体制が整っている。

保育所保育指針より抜粋　「保育所における食事の提供ガイドライン」参照

第3章　食育計画の立て方

Case 1

毎日食を意識できる保育

学校法人
あけぼの学院
認定こども園
武庫愛の園幼稚園
（兵庫県）

身体作りの使命感から保育と食育を徹底的に見直す

　600人の園児が通う大規模園では、8年前、「子どもたちの成長を支えるために、まずは子どもの身体をしっかりとつくる」という考えのもと、園の方針の中心に「食育」を据えて保育全体を見直しました。「あたま、こころ、からだ、生きる力」の4つを柱におき、給食を軸とした「食」に対し、子どもたちが主体的にかかわれるように取り組み始めました。栽培活動や調理体験、園行事と連携した食育指導など、年間計画は栄養士を中心に保育者の願いを重ね合わせながら立てていきます。また、朝礼では日直の保育者がその日の給食の献立と含まれる栄養素などを調べて発表します。毎日の積み重ねと、情報を共有することで、食材や栄養に対する保育者の知識が高まり、日常の保育に生かされるようになりました。

食育目標	食の楽しさ大切さを知る	
期	1期（4～5月）	2期（6～8月）
食育関連の行事	・給食開始 ・給食参観・給食試食会（年少） ・親子給食（年中） ・武庫川園外保育（ヨモギ摘み）（年長）	・須磨海浜水族園園外保育（年長） ・宿泊保育（年長）
田んぼ活動	芽出し　⇒　　　　泥んこあそび　⇒　　田植え　⇒	
栽培活動	・野菜の苗植え（トウモロコシ・スイカ・オクラ・シシトウ・キュウリ・ナス・ゴーヤ・トマト・ミニトマト） ・イチゴ狩り、ソラマメ・スナップエンドウ・キヌサヤ・タマネギの収穫 ・コンポストで残飯を土にリサイクル（年間を通して）	・新ジャガの収穫 ・夏野菜の観察（観察記録） ・夏野菜（トウモロコシ・スイカ・オクラ・シシトウ・キュウリ・ナス・ゴーヤ・トマト・ミニトマト）
調理体験	・ヨモギ団子作り ・イチゴジャム作り ・給食の下ごしらえの手伝い（スナップエンドウのすじとり、キヌサヤのすじとり、フキのすじとり、ソラマメのさやはずし） ・春野菜クッキング（ソラマメの煮豆、焼きソラマメ、キャベツ炒め）	・新ジャガクッキング（ポテトチップス、じゃがもち、焼きポテト） ・夏野菜クッキング（夏野菜のピザ、味噌汁、浅漬け、サンドイッチ） ・給食の下ごしらえの手伝い（トウモロコシの皮むき、ゴーヤの収穫） ・宿泊保育でカレー作り、飯ごう炊飯
食育指導	3歳児：給食のときの正しい座り方 4歳児：4つのお皿（配膳の仕方）／スプーンや箸の正しい持ち方 5歳児：箸の正しい持ち方と箸遣いのマナー	骨と歯とカルシウムの話（骨格系）／バランスよく食べる

三大栄養素
体をつくる（赤のお皿）
体を動かす（黄のお皿）
体をまもる（緑のお皿）

子ども主体の活動を通して家庭との結びつきが強まる

栽培活動も保育者と子どもとで完結するような従来の活動ではなく、子ども主体で、「育てたい野菜を選ぶ→収穫に合わせて献立を作る→調理の下ごしらえや当番活動を行う」に変えていきました。数々の取り組みから食への関心が高まり、やがて保護者へと伝わり、食育、保育、家庭が結びついていきました。

はじまりはここから…

給食室が自由に見渡せる「おーい、給食のおばちゃん」窓

園舎建て替えのときに誕生した、1階と2階の踊り場にある給食室がのぞける窓。日に日にのぞく子どもが増え、「給食のおばちゃ～ん！」と大合唱。食材を調理する様子、包丁でリズミカルに刻む音、漂ってくるおいしそうな匂い。調理員が働く姿を目の当たりにした子どもたちは給食を食べながら「おばちゃんたちが一生懸命作ったやつやから、残したらアカン」と話すようになりました。

第3章 食育計画の立て方

	3期（9～12月）	4期（1～3月）
	・お月見会　・ブドウ狩り（年長） ・愛の園まつり ・芋ほり遠足 ・クリスマス会　・もちつき会	・避難訓練（炊き出し） ・節分 ・ひなまつり会 ・園内お別れ会（おにぎりパーティー）
	稲刈り ⇒ 天日干し ⇒ 脱穀 ⇒ 籾摺り ⇒ わらでしめ縄作り、わらの家作り	
	・サツマイモの収穫 ・冬野菜苗植え、種まき（ハクサイ・レタス・コマツナ・ダイコン・ニンジン） ・春野菜の苗植え、種まき（キャベツ・ソラマメ・ブロッコリー） ・イチゴのランナーを移植する ・ピーマンを熟せ種をとる	・春野菜の苗植え、種まき（タマネギ、ジャガイモの種いも） ・イチゴをプランターから地植えする ・キャベツやブロッコリーをわざと高く生長させ、子どもたちの科学的な目を培ったり、モンシロチョウの産卵の場所にする
	・愛の園米で炊飯、おにぎり作り ・干し野菜作り（タマネギ・キノコ類・サツマイモ） ・ブドウジュース、ブドウジャム作り ・サツマイモクッキング（茶巾絞り、スイートポテト、大学芋、干しイモ、さつま汁、おさつ蒸しパン）	・冬野菜クッキング（ハクサイの浅漬け、ハクサイ・コマツナの味噌汁、レタスの炒めもの、コマツナのお浸し、ハクサイのごまよごし、ゆでブロッコリー）
	青魚の話（血管・循環器系）／ウンチと食物繊維の話（消化器系）／咀しゃくの話（しっかり噛むといいこといっぱい）　【米の収穫からだ液の実験へ】	おせちの話／節分・豆まき・大豆のパワー／風邪から身体を守る手洗い・うがい・ビタミンの話／一年間のまとめ・ふりかえりクイズ

給食のコンセプト

1 子どものからだとこころとあたまによいものを
- 安全・安心なものを！
- 食べることは生きること。すなわち「意欲」へとつなげる
- おいしく楽しい食体験で心を育てる
- 咀しゃくを促す献立の工夫

2 子どもの味覚や食体験の幅を広げるもの
- 多様な旬の食材や基本5味、特にうま味を大切に
- 行事食や季節に合わせた献立を

3 家庭ではなかなか作れないが、子どもに食べさせたいもの
- 昔ながらのおふくろの味
- 食卓から消えつつある献立
- 郷土料理

など

いただきまーす！

Case 1

活動内容

手作りの教材を使った「食育指導」、育てる野菜から選ぶ「栽培活動」、給食の下準備を行う「調理体験」など、子ども自ら「やってみよう、やってみたい」と思う気持ちを育てる取り組みです。

✳ 食育指導 ✳

子どもが興味を持つように指導のタイミングにも配慮

　子どもが実体験に基づいて理解できるよう、指導のタイミングを大切にしています。

　給食で大学イモやイモごはんなどが献立にでたときには、イモに多く含まれる「食物繊維」にちなんだ『うんちの話』をします。そうすることで、子どもたちにより伝わりやすくなります。また、特定の食材がテーマのときは、その食材が献立にあがる前が勝負。「いただきます」前の10分間は、集中力も高く、話の流れから食べる意欲が高まり、苦手でも食べようという気持ちが生まれるのです。

うんちの話

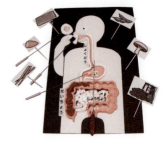
うんちの種類やうんちができるまでの話には、手作り教材「あいのそのおくん」が大活躍。話の後、子どもたちの目標はバナナうんちに！

カルシウムについて

成長期に必要なカルシウムの話に登場するリアルなエプロン。1枚めくると「筋肉」、次は「骨格」、その次は「消化器官」が現れるしかけに。

箸の持ち方

直径約50cmの可動式大型模型で、箸の正しい持ち方と使い方を学びます。年少から園で指導し始めると家庭でも練習するようになります。

✳ 栽培活動 ✳

育てるだけではなく野菜選びから参加

　園内のにこにこ畑でとれる野菜は年間約25種類。ただ育てるのではなく"子どもたちが主体的にかかわれるようにするため"に、どのような体験が必要かを栄養士、保育者で考えました。そして、子ども自身にどんな野菜を作りたいか相談。収穫後は、「スナップエンドウやキヌサヤのすじとり」「ソラマメのさやはずし」…などたくさんの活動が始まりました。

このサツマイモ、僕の顔より大きいよ！

田植え前に思いきり泥んこあそびをしてから、慣れた手つきで田植えをします。

米作りは芽出しから田植え、稲刈り、脱穀まですべての工程を子どもたちが体験。

保育者の手作り教材で
あそびを通じて食に親しむ

　幼稚園教諭であり、栄養士でもある濱名副園長は、教材を手作りする理由について「子どもたちにこんな形で伝えたいと考えると、どうしても手作りでないと…」と話してくれました。伝えるときには、テーマを簡潔に、ワンフレーズで子どもがすぐに覚えられるように心がけます。また、同じ食育のテーマであっても年少・年中・年長と各年齢の理解力や経験に応じて指導内容や説明のしかたを工夫しています。

第3章　食育計画の立て方

青魚について

「青魚を食べると血がサラサラになる」というテーマで話をしました。実物大のマグロのパネルを見せると大歓声が！　最後はサバの塩焼きをおいしく食べました。

子どもの姿　魚を完食する子どもが続出！

　サバの塩焼きが出ると「これ食べると血がサラサラになんねん」「先生、全部食べた！」と言って完食する子が続出。「昨日の夜もサンマ食べた」という声や保護者からも「青いお魚食べたいって言うんです」と報告を受けました。

手作り教材を使って

子どもに人気の「食育かるた」は取り札の裏に解説がついています。

お箸の練習用に、紙粘土で作ったさまざまな形のアイテムを箸を使って移していく上級編ゲーム。ひとりでも二人でもあそべるため、ちょっとした空き時間にあそぶ子どもも。

こんな活動も！　保護者向けの食育セミナーを開催

　園だけでなく、家庭でも行えるようにと実施された子どもの箸の指導についてのセミナー。その名も「子どもへの箸指導と女子力アップのためのマナー講座」。母親の女子力も上げる＋αの内容に参加者が殺到!?

✳ 調理体験 ✳

イベント的な調理から
給食の下準備へと発展

　「子どもたち＝食べる人」ではなく、給食の下ごしらえや当番活動を行うようになったことで、食材の持つ命、栽培や調理の手間を知り、物や人に対する感謝の気持ちを持つようになりました。給食室への出入りも増え、栄養士や調理員たちに直接「ごちそうさまでした」「ありがとう」のことばが自然と出るようなり、職員たちにも励みになっています。

トウモロコシはひげがたくさんついてるね

「干し野菜」の準備中。タマネギ、ニンジン、カボチャ…専用のネットに入れて、できあがりをじっくり待ちます。

子どもの姿　食への関心がぐんとUP

　給食の下ごしらえなど、毎日の生活の中で自分たちの育てた野菜にふれるようになると、それまではイベント的な要素の強かった「栽培」「調理体験」から、命をいただく実感が持てる体験へと変わっていきました。

Case 2

子どもの主体性を育む食育

社会福祉法人
久良岐母子福祉会
くらき永田保育園
（神奈川県）

地域の人を巻き込む食育活動で広がっていく保育の可能性

「食育」だけを切り離して考えない、あくまでも、保育全体に通じる活動として食育を行う、くらき永田保育園。創立から13年、あそびも食事も子どもたちにかかわることはすべて「顔が見える人や物と付き合いたい」との思いから、給食に使う食材も無農薬・無肥料で野菜を育てる農家と直接契約をしています。子どもたちが食事をする空間も、大きなガラス越しに調理する姿が眺められるオープンキッチンスタイル。音や香りがダイレクトに伝わるつくりになっています。鈴木八朗園長のこだわりは次第に広がり、今では酒屋や花屋、大学教授、陶芸教室…など地域のたくさんの大人たちを巻き込みながら、毎日の保育に刺激やあたたかさを与えています。

子どものつぶやきから生まれた「おむすびカフェ」の構想

毎年考える年間テーマ。この年は「おむすびカフェ」。きっかけは、ごっこあそびをしていた子どもの「本物のお店屋さんがやりたい…」とのつぶやきからでした。例年と同じく"マップ"が作られ、「何の店がいいか？」「その店に

食育目標	①「味覚」を育てること　②「素材」の背景を知ること ④「場」を作り楽しむこと　⑤「元気な身体」がわかること		
月	4月	5月	6月
おむすびカフェ	・お店屋さんごっこ	・しょうゆ作り ・バケツ稲作 ・店舗イメージ話し合い	・ぬか床作り（永田屋さん・川松屋さん）
へなそうる ※P.59こんな出会いも…参照		・タマネギの皮集め ・もりのへなそうる	・染め物 ・ニルス（遊具）にしかけ ・巨大たまご　・人形劇団
当番		・給食室の手伝い（店員研修） ・朝の当番	・食事準備　・布団敷き
その他		・箸練習 ・梅もぎ ・トウモロコシ	・梅ジュース屋さん ・夏野菜作り
月	10月	11月	12月
おむすびカフェ	・店舗準備 ・生け花　・ポスター ・お米を炊く	・おむすびカフェ ・役割分担 ・チケット	・収益の活用
へなそうる		・造形祭へなそうるオブジェ	
当番	・下ごしらえ ・煮干し	・下ごしらえ ・煮干し	・盛りつけ研修 ・煮干し
その他	・芋掘り　・芋餅 ・焼き芋	・冬野菜	・出汁

は何が必要か？」「誰に協力を求めるか？」など子どもたちに体験してほしいこと、保育者たち自身が知りたいこと、たくさんの思いがアイデアとなってマップの中にどんどん広がっていきます。そして決まった「おむすびカフェ」。年間計画は、このマップを元に、絵本『もりのへなそうる』やさまざまな人との出会い、園行事とが組み合わさってできあがりました。

テーマは変わっても、子どもたちに体験してほしいことや感じてほしいことは毎年同じ。食育＝保育を通して、自己決定ができる、表現ができる、かかわりが持てる子どもに育ってほしいとの願いがこめられています。

第3章 食育計画の立て方

はじまりはここから… 保育者のワクワクにあふれた食育計画の素

毎年4月に園全体の保護者懇談会で発表される、その年のテーマ（年間目標や計画含む）に向けて作られる通称"マップ"。

「おむすびカフェ」実現に向かって、園長を中心に、できる・できないにかかわらず、「おむすびなら米作りをさせたい」「カフェには店員が身につける前掛けやバンダナが必要」「農家のスズキさんに聞いてみよう」などさまざまなアイデアやキーワードが書きこまれていきます。

そこから協力の輪が広がり、遠足、お泊り会といった園行事と合体させながら計画が作られます。

こんな出会いも… おにぎり大好き怪獣を活動のシンボルに

「おむすびカフェ」の活動を盛り上げるため、絵本『もりのへなそうる』から怪獣へなそうるを活動のシンボルにしました。お泊り会や遠足、運動会などの園行事には、決まって赤と黄色のへなそうるカラーが象徴的に現れます。この年の子どもたちの心には、思い出とともにこのテーマカラーが深く刻まれました。

もりのへなそうる
わたなべしげお／作　やまわきゆりこ／絵
福音館書店

てつたとみつやの兄弟が森へ探検に行き、怪獣「へなそうる」に出会います。おにぎりが大好きなへなそうると、かくれんぼやかにとりをして…時がたつのも忘れてあそぶ冒険物語。

③「火」や「道具」の使い方を知ること

	7月	8月	9月
	・竹の箸作り ・販売練習	・陶芸 ・お金の練習 ・竹の器	・海苔工場 ・稲収穫 ・脱穀　・精米
	・お泊り会 ・おむすび	・へなそうるカラー	・運動会へなそうる
	・下ごしらえ	・下ごしらえ	・下ごしらえ
	・ピーラー	・煮干し	・配膳練習
	・野菜ポスター ・トマトヌーボー		・サンマの日

	1月	2月	3月
	・買い物（種、ノート）		・卒園おむすび
		・へなそうるの劇（発表会）	・卒園DVD
	・盛りつけ補助 ・煮干し	・献立会議 ・煮干し	・献立会議
	・午睡なし →		
		・火をつける　・マシュマロ	・卒園製作　・卒園遠足　・甘酒

Case 2

活動内容〈おむすびカフェ〉

年間テーマに決まった「おむすびカフェ」。そのオープン日に向けて、4月から11月22日まで約8か月かけて準備に挑んだ子どもたちの姿を紹介します。

食育活動で改めて学んだ毎日の積み重ねの大切さ

テーマ決定から約8か月かけて、子どもたちは米作りやおむすびの握り方、制服の作成、おもてなしの心など「おむすびカフェ」をさまざまな角度から見つめ、意見を出し合い、必要な準備や体験をしていきました。その中で、地域の人々の協力や働く姿を見て、食への興味や作業の大変さや楽しさ、感謝する心を育てていきました。また、毎日水やりを行う米作り、毎日ぬか床をかき混ぜるぬか漬け作りなど、同じことをコツコツと繰り返す中で、日々発見があり、その積み重ねが大切なのだと活動を通じて感じることができました。

4月
"おむすびカフェ"を1年間の保育テーマにすることを保護者会で発表する。

バケツ稲作の田植え
泥だらけになりながら土作りを行い、農家のスズキさんに分けてもらった稲で田植えを行いました。

5月 おむすび研修"修業"開始

理想のおむすび作りのために、3人ずつ給食室で握り方を練習する"修業"。1・2・3、1・2・3と2回繰り返してきれいな三角おむすびが握れるよう、特訓スタート。

まだまだ修業はこれからだ！

11月22日 おむすびカフェ OPEN！

待ちに待ったオープン当日。この90分間のためにさまざまな体験や準備をしてきた子どもたち。緊張しながらもお客さんの様子や漬物の減り具合などに目を配り、それぞれの役目を楽しみます。大盛況のまま閉店を迎え、達成感いっぱいの表情で挨拶をしました。

11月 生け花を習う

地域の花屋さんの協力で「生け花教室」を開催。子どもたちは、陶芸教室で作った手作りの花器に色とりどりの花をいけます。「どこから見てもきれいに見えるように」と花器を回しながら、素敵なアレンジメントが完成しました。

6月 本物から学んだしょうゆ作りとぬか床作り

老舗の蔵へ見学に行った保育者たちが、しょうゆの元になる菌を子どもにもわかりやすく「菌ちゃん」というキャラクターにして園で育てることに。おむすびに添えるぬか漬け作りは、近所の酒屋「川松屋」さん、園に食材を運ぶ「永田屋」さんが先生として協力。

しょうゆの元になる菌ちゃんたちだよ

はじめてぬか床に手を入れ、キュウリなどの野菜を漬ける作業に子どもたちは興味津々。

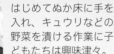

へなそうる観劇

おにぎりが大好きな怪獣「へなそうる」が登場。赤と黄色のしま模様はこの年のテーマカラーに。

染め物① タマネギ

バンダナと手ぬぐいは保護者の協力で集まったタマネギの皮で染めると黄金色に。

7月 野菜売り体験で販売練習

園に野菜を提供する農家のスズキさんの即売会をお手伝い。本物のお金でやりとりする中で、「おすすめはエダマメです」など威勢の良い声があがりました。

新鮮な野菜、いかがですかー？

10月 バケツ稲作の稲刈り・脱穀・精米

日照りやゲリラ豪雨などの悪天候を乗り越えたバケツ稲作に穂が実り、収穫の日を迎えました。稲刈りを終え、脱穀、精米と子どもの体力的には厳しい作業が続きます。でも、半年かけて育てた大切な米。みんなでおいしくいただきました。

一粒も残さず大切に食べよう

8月 修業の腕がUP！

9月 陶芸教室で花器作り

お客さんが気持ち良く過ごせる店作りのために何が必要かを子どもたちと話し合い、自分たちで花瓶を作って花を飾ることに。

染め物② 藍染め

染料につけた前掛けをみんなで水洗い。ギュッと絞って陰干ししたらどんな模様になるかはお楽しみ。

第3章 食育計画の立て方

Case 3 生活に根ざした食育をめざして

毎日のお手伝いを基本に一貫性のある食育計画を立てる

以前から食育に力を入れていたふきのとう保育園。しかし、クッキング保育や栽培など「子どもにやらせたい」思いばかりが先行し、イベント性の強いものになっていました。そのことに疑問を感じ、0～5歳児まで見据えた一貫性のある計画へと見直しました。

朝食に「ごはんと味噌汁」が出ない家庭が増えていることから、テーマは「日本の食の文化を子どもたちに伝える」。子どもたちが毎日の生活の中で自然に取り組めるよう、「米作り」「米とぎ」「味噌作り」を中心に活動することにしました。例をあげると、年中児が植えた大豆で味噌を作り、その味噌で年長児が秋

食育目標	①おなかがすいて、よく噛んで食べる　②食を通じて生命を大切にする力を養う		
月	4月	5月	6月
食事目標	・保育園の食事に慣れて楽しく食べる ・春の食材がわかるような献立の導入	・春の食材(野菜・魚)の名前を親子で知る ・野菜を育てて、野菜に興味を持つ	・調理体験を通して、食に興味を持つ ・よく噛んで食べる
食事に関する配慮事項及び行事	・保育園の食事に慣れてもらう ・食べやすい献立の導入	・行事の楽しさを知ってもらう ・こどもの日の行事を楽しむ ・野菜の皮むきや実物を触ることなどで、食に関心を持つ ＊親子クッキング(17日) ＊離乳食講座(23日)	・調理場をはじめ、各職員、子どもたちにも衛生面での注意事項を徹底する(正しい手洗いを教える) ・野菜の栽培を通して、食べ物が育つ過程を知らせる。また、野菜の収穫で食べ物に興味を持つ。クッキングで苦手な野菜を食べようとする意欲を持たせる ＊カレー作り(5日) ＊親子クッキング(30日)
旬の食材♪お手伝い	・サワラ・タケノコ・アスパラ・ナノハナ・イチゴ・春キャベツ・新ニンジン・新ジャガイモ ♪タケノコの皮むき ♪フキのすじとり……❶	・フキ・アスパラ・キャベツ・カツオ・イワシ・新タマネギ・新ジャガイモ・グリンピース・美生柑・夏ミカン	・アジ・カジキマグロ・カツオ・キス・オカヒジキ・オクラ・カボチャ・キュウリ・グリーンアスパラ・ニラ・サヤインゲン・ソラマメ・ビワ・サクランボ・メロン ♪ソラマメの豆むき
栽培活動	・5歳児：野菜の苗を買いにいく 野菜の栽培(世話：各クラス)	・5歳児：田植え・大豆植え ・4歳児：大豆植え………❷	・4歳児：ジャガイモ収穫→カレー用 ・5歳児：味噌天地返し……❷ 各クラス野菜収穫(クッキング)
月	10月	11月	12月
食事目標	・秋の食材を取り入れ、調理作業を通して食べることを楽しむ ・運動会に向けての体力作り	・クッキングを通して、食べる意欲を持たせる ・秋から冬にかけての食材を知らせていく	・冬の食中毒に気をつける ・年末の行事を通して子どもたちに冬の食材を知らせる
食事に関する配慮事項及び行事	・食事量・時間の配慮→成長がもっとも著しい時期なので、活動量に合わせた食事内容の見直し →食事摂取基準と食糧構成見直し ・運動会に向けて、体力のつく食事と運動会の雰囲気を出す食事の提供 ❸……＊芋煮会(30日) ・秋の収穫シーズンを知ってもらうために、芋煮会を通して秋を感じる ○サンマ炭火焼(随時)	・調理をする場面を増やし、食材の変化を知らせる ・秋の旬・冬の旬を取り入れる ・温かい食事の盛りつけ時間の配慮 ・お彼岸のことを知らせる ＊親子夕食パーティー(6・7日)	・クリスマスなどの12月のメニューや盛りつけを楽しく行う ・寒さ対策(風邪予防)に食を通して取り組む ・ノロウイルス対策にも気を配る →手洗い・うがいの徹底 ・緑黄色野菜(冬野菜)の摂取 ＊おもちつき(2日)
旬の食材♪お手伝い	・キノコ・サツマイモ・根野菜類・菊花・カキ・リンゴ・ミカン・サンマ・サバ・サケ ♪菊花ちぎり・キノコちぎり	・キノコ・サツマイモ・根野菜類・菊花・カキ・リンゴ・ミカン・サンマ・サバ・サケ・コマツナ・ホウレンソウ ♪菊花ちぎり・キノコちぎり	・キノコ・サツマイモ・根野菜類・カキ・リンゴ・ミカン・コマツナ・ホウレンソウ・ナガイモ・カリフラワー・ハクサイ・ブロッコリー・タラ・ブリ・サケ・サバ
栽培活動	・4・5歳児：大豆収穫 ・5歳児：米収穫→飯ごうで炊く ❷……味噌完成→芋煮会で使用 ・秋野菜収穫・冬野菜世話		

※毎日のお手伝い：4・5歳児による、ニンジン、タマネギの皮むき、米とぎ(4歳児は後半より)
＊保育参観・夕食パーティーは保育園の給食の試食を兼ねる　○行事

社会福祉法人 カタバミ会
ふきのとう保育園
（東京都）

に芋煮を振る舞います（芋煮会）。そのとき、年長児が育てた米でおにぎりも作ります。2年間通して行うことで、年中児は年長児になったときの予想ができるようになり、食育活動の内容が保護者へも伝えやすくなりました。今後も園全体を巻き込みながら、家庭への働きかけを強化し、日常に無理のない活動を大切に行います。

> はじまりはここから…

米とぎを中心とした日常に寄り添った活動

毎日、年長児が当番で行う米とぎを中心に、子どもたちは野菜の皮むきなど給食の下ごしらえを手伝います。日常的に行われるため、子どもたちや保育者は構えることなく作業できます。イベント性が強いとこのようにはいかないため、自然体で取り組める環境は大切です。また、3歳児以上はすべての部屋で炊飯を行い、米が炊きあがる過程の湯気や匂いを子どもたちが感じ、炊きたてのごはんを食べられるようにしています。

③日本文化の継承			
	7月	8月	9月
	・暑さに負けない、体力作りの基礎となる食事の提供（食べやすい温度や形態での提供） ・夏野菜に興味を持ち、お手伝いにつなげる	・盛夏の食材を知り、味わう ・食欲の出る食材・味つけで夏バテを乗り切る	・敬老の日・十五夜などの古来からの行事を食を通して楽しむ ・初秋の食材を取り入れ、秋の気配を感じる献立作り
	・冷たいメニューは冷たい状態で提供する ・夏野菜をふんだんに取り入れ、身体に良いことを伝える ・年長一泊保育でのクッキングを楽しく行う ＊親子夕食パーティー（3・4日）（先生やほかの保護者との交流含む） ＊5歳児：お泊り保育（19・20日）→クッキング	・盛夏に食欲の出る食材・調理法（酸味・香辛料など利用）を取り入れる ・後半は夏の疲れが出てくるので、食べやすく、体力のつく食事を心がける。また、生活リズムも整えるよう保護者にも伝えていく ○スイカ割り	・秋の食材にふれたり、味わってみたりする ・防災の意識を持ち、避難時の食事の提供を行えるよう訓練する ＊避難訓練炊き出し（1日） ・お月見の行事を楽しむ ・敬老の日にちなんでの世代交流をはかる ＊お団子作り・敬老試食会（9日） ○サンマ炭火焼（随時） ＊離乳食講座（3日）
	・アジ・サバ・スルメイカ・エダマメ・オクラ・トマト・ナス・ピーマン・メロン・トウガン・スイカ・スモモ・トウモロコシ ♪エダマメもぎ ♪トウモロコシの皮むき	・オクラ・キュウリ・トウガン・トマト・ナス・ピーマン・トウモロコシ・モロヘイヤ・スイカ・メロン ♪エダマメもぎ ♪トウモロコシの皮むき	・サンマ・サバ・ナス・キノコ類・リンゴ・ナシ
		・5歳児：田んぼにネットをはる（雀よけ）	
	←―――――――――――	冬野菜の植えつけ・世話	―――――――――――→
	1月	2月	3月
	・日本の伝統食を味わう ・地域の食材を味わう（江戸川区のコマツナなど）	・食事のときのマナーを守って食べる（食具の持ち方などを教える） ・冬の食材（野菜）を多く取り入れ、ビタミンを多めに補給する	・一年を振り返って、食べられるものが増えたことを知らせる ・年長児の思い出になる献立を取り入れる
	・ハレの日とケの日を伝える（日本伝統の食事のしかたを伝える） ・おせち、七草、鏡開きの説明 ・食事のマナーの見直し ・箸やスプーンの持ち方の見直し ・地元の食材「コマツナ」を特集 ＊5歳児：回転寿司（15日）	・食べることの大切さを知らせる ・適温配膳（温かい物は温かく）を心がけ、なるべくおやつなども温かい物を中心に出す ・カミカミごはん（根野菜や噛みごたえのある食材の導入） ・慣れないものや、苦手な食材も工夫して取り入れる ＊離乳食講座（26日）	・年長児のリクエストを多く取り入れる（バイキング・平日ともに） ・ひな祭りを楽しく祝う ・お彼岸のことも知らせる ・春の味（ほろ苦さ）を伝える
	・ミカン・シュンギク・ミズナ・コマツナ・ホウレンソウ・カリフラワー・ハクサイ・ブロッコリー・タラ・ブリ・サケ	・コマツナ・ホウレンソウ・キウイフルーツ・イチゴ・イヨカン・ハッサク・ワカサギ・キンメダイ	・キヌサヤ・グリンピース・タケノコ・フキ・春キャベツ・新タマネギ・新ニンジン・新ジャガイモ・サワラ・タイ・イチゴ・デコポン・清見オレンジ ♪キヌサヤすじとり ♪タケノコ皮むき ♪フキすじとり
	・5歳児：豆腐作り ・冬野菜収穫	・4歳児：味噌仕込み……❷	・3歳児：ジャガイモを植える

給食の下ごしらえ

旬の食材に直接ふれることも子どもにとっては貴重な体験。フキのすじとりがはじめての子どもも興味津々でお手伝いします。

味噌作り

園の風物詩、2月の味噌仕込み。ゆでた大豆をつぶして塩と麹を加えて丸めて…完成した味噌は家庭へも配られるため、楽しみに待つ保護者も。

芋煮会

味噌作りから芋煮汁を振る舞うまで、日々の食育活動に加えて年長、年中児を中心に行われる「芋煮会」。小さい子たちにとっては憧れの姿に。

Case 4

調理保育を軸に成長を実感

体験を積み重ねていく計画で"食事の楽しさ"を伝える

「"食べることが楽しい"と感じ、次の世代に伝える子に育ってほしい」と願う弥生保育園。活動の軸は、毎月年長児が行う「カレーの日」と3〜5歳児の「レストランごっこ」。野菜の皮むきから始まるカレー作りは、毎回工程が増えていきます。前日に自分でつめを切る子、忘れないようエプロンを用意する子など、保護者から伝え聞く子どもの様子からこの日を楽しみに待つ姿が伺えます。集大成は3月のお別れ会食。年長児が園庭でカレーを作り、園児全員に振る舞う姿を見て、年中児が「次は自分たちの番！」と期待を持って調理保育にのぞむようになります。

食育目標	いっしょに食べるとおいしいね！		
月	4月	5月	6月
カレーの日（年長児）		・ニンジン・ジャガイモの皮むき	・ニンジン・ジャガイモの皮むき ・包丁で切る
クッキング（幼児）		・のりの佃煮とおにぎりを作る	・フルーツヨーグルト（ブルーベリージャムを作る）
旬を知る	・タケノコ・ミツバ・柑橘類・アサリ	・新ジャガ・新キャベツ・新タマネギ・ソラマメ・アスパラ・スナップエンドウ・葉つきニンジン	・グリーンピース・オクラ・サクランボ・ビワ・梅
バケツ稲（年長児）		・種まき ・水やり	・水やり
季節の行事	・お花見会食	・お楽しみ会食	
その他（年長児）	・赤・緑・黄色の食べ物のお話	・身体のお話	・むし歯のお話 ・梅ジュースを作る
月	10月	11月	12月
カレーの日（年長児）	・皮むき ・包丁で切る ・鍋で野菜、肉を炒めカレーを作る ・米とぎ	・皮むき ・包丁で切る ・鍋で野菜、肉を炒めカレーを作る ・米とぎ	・皮むき ・包丁で切る ・鍋で野菜、肉を炒めカレーを作る ・米とぎ
クッキング（幼児）	・サツマイモ・茶巾	・お店屋さんごっこ（ポップコーンを作る）	・豆腐（電子レンジを使って豆乳とにがりで作る）
旬を知る	・サツマイモ・リンゴ・ナシ・サンマ・サケ	・ゴボウ・シュンギク・レンコン・サトイモ・ニンジン・ユズ・ギンナン・カキ・洋梨・サバ	・ダイコン・ハクサイ・ブロッコリー・ホウレンソウ・コマツナ・カブ・ミカン・ブリ
バケツ稲（年長児）	・刈りとり　・脱穀　・精米 ・みのり会でおにぎりを作る		
季節の行事	・月見団子作り(幼児) ・みのり会	・クッキー作り（消防署の方にプレゼント／年長児） ・サケの解体（幼児）	・クリスマス会食 ・クリスマスケーキ作り（デコレーションをする／年長児）……❸ ・もちつき ・クッキー作り（年長児）
その他（年長児）	・2月に仕込んだ味噌で味噌汁を作る ・出汁のお話		

社会福祉法人
高峰福祉会
弥生保育園
（東京都）

また、「本物にふれさせたい」との思いで始めた「レストランごっこ」。年長児が調理、年中児が接客、年少児が受付やお手伝いの役になり、食事の提供や食事をする場の整とん、食事をいっしょに楽しむ大切さを活動から学びます。今後も「食育を保育の基本」として、給食や食育活動に全職員でかかわりながら、子どもたちの成長を見守っていきます。

> **はじまりはここから…**
>
> ### 約25年続くバイキング給食
>
> 毎日の給食をランチルームにて、バイキング形式で提供して約25年。慣れるまでは落ち着いて食事ができなかったり、残してしまったりする子が多く見られ、サポートする職員たちが慌てることもしばしばありました。しかし、子どもの様子を見守りながら試行錯誤を繰り返し、少しずつ園に合ったスタイルができてきました。現在では当たり前の光景として、子どもたちも楽しいひとときを過ごしています。
>
> →詳しくはP.10の実践レポートに

第3章 食育計画の立て方

	7月	8月	9月
	・夏野菜の皮むき ・包丁で切る		・ニンジン・ジャガイモ・タマネギの皮むき ・包丁で切る ・米とぎ
	・ところてんを作る……❶		
	・ナス・キュウリ・トマト・トウモロコシ・スイカ・メロン・アジ	・ゴーヤ・ピーマン・レタス・エダマメ・カボチャ・モモ・ブルーベリー・スズキ・シジミ	・秋ナス・キノコ類・ブドウ・クリ
	・水やり	・水やり	・水やり ・網掛け
	・マスのつかみどり……❷ （マスの塩焼き）	・スイカ割り	・非常食体験の日（炊き出し体験）
	・骨のお話		・絵本を読む（食べ物はどこからくるのかのお話）

	1月	2月	3月
	・皮むき ・包丁で切る ・カレーを作って食べる ・米とぎ	・皮むき ・包丁で切る ・カレーを作って食べる ・米とぎ	・お別れ会食 ・園庭でカレーを作り、全員で食べる ・米とぎ
	・きな粉マカロニ （炒り大豆できな粉を作る）		
	・もち・七草・ネギ・カリフラワー・イヨカン・ワカサギ	・ナノハナ・イチゴ・デコポン・キンメダイ・サワラ・タラ	・キヌサヤ・ハッサク・ハマグリ
	・七草（七草がゆ） ・どんど焼き（まゆ玉作り／幼児）	・節分（めざし焼） ・味噌作り（年中児）	・ひな祭り会食 ・お別れ会食（カレー作り／年長児）
	・食育カルタ ・グミを作る	・食事のマナーのお話	・パンを焼く ・生クリームからバターを作る

レストランごっこの日

のりの佃煮やジャム、ところてんなど家庭では作る機会の少ないメニューを設定。役割を通して異年齢がかかわり、心の成長につながります。

マスのつかみどり

プールにマスを放ち、いっせいにつかみどり。「やった、とれた！」と歓声が響きわたります。そのあと園庭で焼いてみんなで食べます。

クリスマスケーキ作り

毎日の給食はもちろん、誕生会などの行事も和食が中心。ただし、クリスマスだけは洋食にして特製ケーキを子どもたちで楽しく飾りつけ。

Case 5
栽培から広がる食育活動

園全体が協力し実現する栽培中心の食育活動

都内で年間約15種の野菜を育てる新田保育園。元々畑に興味があった栄養士を中心に「栽培活動を通して食への意欲を育てたい」と始まりました。開始当初は、知識不足や悪天候による不作が続き、試行錯誤を繰り返す毎日。まだ熟していない実をとる子や触りたがる子に注意をしてしまうこともありました。しかし、多くの失敗や努力が実り、栽培が保育の一部として園全体の身近になると、そのような行動も子どもの姿であると捉えられ、見守るようになりました。

また、野菜の収穫時期を計画の中心におくことで、園全体の食育への意識が高まりまし

食育目標		食を通して生きる力をつけ、健康な身体や心が育まれていくこと
期		前　　期
栽　培……①		タマネギ　ジャガイモ　→　　　　← ←　ダイコン　ニンジン　→　　　← ←　キャベツ　カブ　→ 　　　　　　　←　夏野菜 ←　青菜類　カイワレダイコン　→
0歳児		・心地良くミルクを飲み離乳食を食べる ・素材の味を大切に調理する 栄養士：個別対応できるよう、喫食状況をこまめに見に行く
1歳児	栽培	・キュウリ・トマト
	料理保育……②	・夏野菜が実ったら収穫して食べる
	その他の食育	・食事をおいしく食べる　・スプーンを使って食べる ・ゆっくり噛んで食べる
2歳児	栽培	・キュウリ・トマト・ニンジン
	料理保育……②	・調理室の手伝い（皮むき、さやとりなど）
	その他の食育	・食材の名前を知る　・友達と楽しく食べる ・盛りつけ量を加減し食べ切るうれしさを知る
3歳児	栽培	・カイワレダイコン・夏野菜
	料理保育……②	・じゃがもち、おにぎり、味噌汁（丸める、ちぎる）
	その他の食育	・食器の片づけ（グループごとテーブルに）　・食材の名前を覚える ・料理の名前を知る　・食べるときの姿勢を美しく
4歳児	栽培	・ジャガイモ・ニンジン・コマツナ・夏野菜
	料理保育……②	・育てた野菜を使って調理　・おにぎり、まぜごはん、味噌汁
	その他の食育	・箸を正しく使う　・食事の準備　・片づけを自分でする ・食器を置く位置や箸の向きを覚える
5歳児	栽培	・エダマメ（個人）
	料理保育……②	・おにぎり、味噌汁　・準備から片づけるまで一貫して行う
	その他の食育	・ごはん、おかず、汁を自分で盛る ・食べ物と栄養、健康の関係に興味を持つ 栄養士：食べ物と健康のことを話しに行く（栄養ボードを利用）

社会福祉法人
新田保育園
（東京都）

た。それは職員同士の連携にも役立ち、栄養士が保育者から食の相談を受ける機会が増えました。年間40回ほど行う料理保育もそのひとつです。調理側は連絡帳の情報を共有し、家庭での食事内容や保護者の食の悩みを献立作りや食育指導に生かすようになりました。さらに園で一丸となり、食育を通じて子どもたちに生きる力を伝えていきます。

各年齢の目標

0歳児
- 乳汁栄養から、大人とほぼ同様の食事がとれるようになるよう、離乳食は段階を追って進める。

1歳児
- 食事を通して睡眠と生活のリズムをつける。
- 大人や友達と楽しく食事を食べる。
- スプーンや茶碗、コップを上手に使えるようになる。

2歳児
- 食材を見る、触る、味わう経験をし、食に興味を持つ。
- 大人や友達と楽しく食事を食べ、食事のマナーを身につける。
- 栽培や料理保育を通して食材に触れ、おいしい味を体験する。

幼児
- 友達との関係を深め、会食を楽しむ。
- 栽培や料理保育を通じ、食材や料理に興味を持つ。
- 健康と食べ物の関連や大切さを理解する。
- 食事のマナーを身につける。

第3章 食育計画の立て方

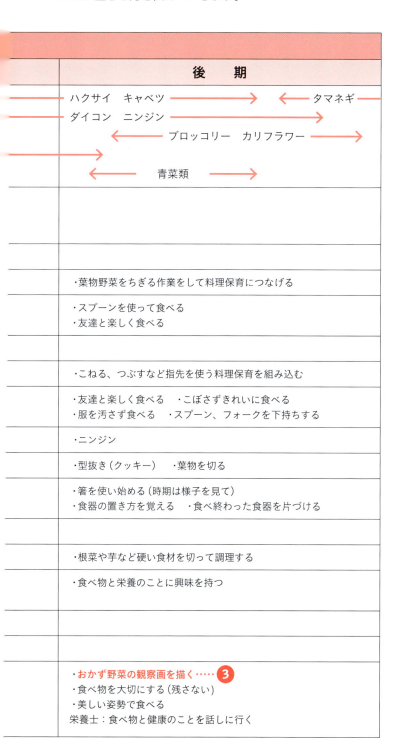

後　期

ハクサイ　キャベツ　→　←　タマネギ
ダイコン　ニンジン　→
←　ブロッコリー　カリフラワー　→
←　青菜類　→

- 葉物野菜をちぎる作業をして料理保育につなげる
- スプーンを使って食べる
- 友達と楽しく食べる

- こねる、つぶすなど指先を使う料理保育を組み込む
- 友達と楽しく食べる　・こぼさずきれいに食べる
- 服を汚さず食べる　・スプーン、フォークを下持ちする
- ニンジン
- 型抜き（クッキー）　・葉物を切る
- 箸を使い始める（時期は様子を見て）
- 食器の置き方を覚える　・食べ終わった食器を片づける

- 根菜や芋など硬い食材を切って調理する
- 食べ物と栄養のことに興味を持つ

- おかず野菜の観察画を描く……③
- 食べ物を大切にする（残さない）
- 美しい姿勢で食べる
栄養士：食べ物と健康のことを話しに行く

① 栽培活動

プランター栽培でも、キャベツやキュウリなどとれたてのおいしさは格別。すぐに給食やクッキング保育で使って子どもにおいしさを伝えます。

② 料理（クッキング）保育

「子どもに体験させたい」と保育者から栄養士への相談が多く、2歳児から年長児まで年間約40回実施。保育の一環として根づいています。

料理（クッキング）保育の申請書

保育者は子どもの年齢や発達に合った作業内容を記入し、栄養士が旬の野菜などを組み込んで献立を作成。実施後は内容や感想を書き込み、大切な資料として次回の参考に。

③ 観察画を描く

子どもは水やりなどの活動を通して「芽が出た」「花が咲いた」など日々発見をしています。日常的に絵に描くことで観察への興味も促します。

アイデアいろいろ！
給食・食育だより＆献立表

保護者に向けて、子どもたちの給食のようすや食事作りへの思いを伝える「おたより＆献立表」。
アイデアいっぱいの実例を参考に、親子で食に関心を持ってもらえるような内容をめざしましょう。

武庫愛の園幼稚園（兵庫県）

ここがPOINT！
興味を引く献立名で食への関心がUP

「骨太ポパイサラダ」や「まめまめサラダ」「くずし豆腐のとろとろ汁」など、献立のネーミングにひと工夫。子どもが読めて、給食が楽しみになるように献立名はすべてひらがなで表記しています。

ここがPOINT！
食事のようすがわかりやすい写真つきおたより

園だよりに食育関連の記事を毎月掲載。食育の取り組みや掲示のほか、各組の給食のようすを写真つきで載せることも。その表情だけで食事を楽しむ姿を伝えることができます。

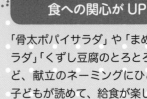

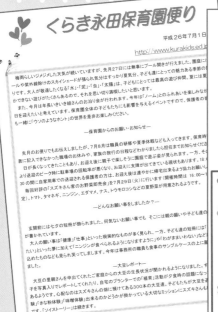

くらき永田保育園（神奈川県）

第3章 食育計画の立て方

足近保育園(岐阜県)

きゅうしょく だより (7月)

足近保育園
平成26年6月27日

暑い日が続き、のどが渇くことが多くなる季節になりました。保育室では給食室で朝一番に子ども達の水分補給用に大きな鍋でお茶を作ります。暑い日が続くと食欲が落ちて冷たい飲み物ばかりが欲しくなりがちです。甘い清涼飲料水などはなるべく控え、お茶などで水分も補給しましょう。夏バテしないためには規則正しい食生活に心がけることが大切です。

さて、今年も無農薬の新鮮な夏野菜（きゅうり、なす、トマト、ピーマン）が毎日たくさん収穫できます。先日は軽トラックいっぱいとうもろこしが収穫できました。茹でて午後のおやつで給食でおいしくいただきました。保育園ではいつも季節の野菜が、たくさん登場します。旬の野菜を食べることは、大変、体にもいいです。子ども達は畑で収穫することによって、体で旬を覚えていくのですね！

七夕にそうめんを食べるのはなぜ？

江戸時代に、竹に糸を巻きつけて祈ると願いが叶うとされている「願いの糸」という風習があり、その糸と白い麺が通じ合うところから、麺を食べる風習が生まれたと言うことで今月は、そうめん汁が登場します。

我が家のおすすめ メニュー紹介☆

5月20日に行なった、給食試食会（きく組保護者対象）に参加して下さった方のおすすめ料理です。レシピの提供どうもありがとうございました。

- ほうれん草の白和え
- さつまいもの星のきんぴら
- 三色丼・ほうれん草カレー
- 野菜かき揚げ
- ミートスパゲティ・白菜のスクランブルエッグあんかけ
- 豆腐と長いものふわふわ焼き
- ピーマンや大根の昆布炒め
- きゅうりとシーチキンの和え物・レバーのソース煮

どのメニューもとても美味しそうですね！これから給食でも順番に登場させたいです。給食の献立作りの参考にさせていただきます。
まだ、その他にもこれから沢山、収穫出来る夏野菜たっぷり使用した料理を募集中！是非、おいしい食べ方を教えてください。
なお、ホームページのレシピ紹介も保育園の毎日のおすすめレシピを随時更新中ですので良かったら見て参考にして下さい！！
先日、回収しましたアンケート、ご協力ありがとうございました。今後、結果報告します。

ここがPOINT！
保護者からの声も大切な情報源に

給食試食会で聞いた家庭のおすすめレシピや食事についてのアンケート結果など、保護者からの声や意見を掲載。園から発信するだけでなく、保護者参加の内容に親しみが感じられます。

ここがPOINT！
毎日降園時に発信される調理室からのメッセージ

夕方、給食の献立見本とともに貼り出す「調理室だより」。当日の献立内容はもちろん、その料理の残量、子どもが食べていたときの姿などを調理員の感想とともにタイムリーに伝えます。

調理室だより

7月1日(火)

《今日の献立》
熱量:593kcal 蛋白質:18.9g 脂質:16.2g(幼児)

- 昼食: キーマカレー キャベツサラダ スープ(豚バラ・玉葱・南瓜・トマト) パイナップル
- おやつ: みたらし団子 牛乳
- 補食: ゆかりおにぎり

数日前に卵とトマトのスープをだして人気がなかったので、今日のスープも心配していました。その時ほどではありませんでしたが、やはりあまり進まない様子。トマトの入ったスープは人気がないことがわかりました。残念です。これからどんどんおいしくなるトマト。庭やプランターで赤くなったトマトをどんどん食べてもらうことにします。
キーマカレーはよく食べていました。暑くなって食欲が落ちる時、カレーの香りが食欲をそそります。

新田保育園(東京都)

ふきのとう保育園(東京都) — 10月献立表

カードレシピ例 — ☆オクラのサラダ

ここがPOINT！
保護者に好評！夕食お助けメニュー

「夕食の献立を考えるのが大変」「魚を使った料理は苦手」などの声を受けて、給食と午後のおやつの内容・栄養素をもとに、栄養士のおすすめ夕食メニューを紹介。一部は自由に持ち帰ることができるカードレシピにして、家庭でも気軽に挑戦することができます。

武庫愛の園幼稚園(兵庫県)

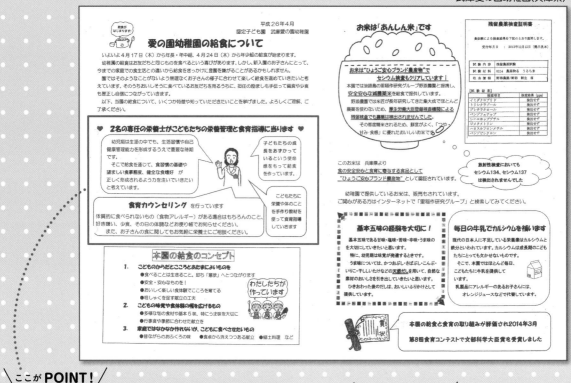

ここがPOINT！
子どもの食事にかかわる職員たちの思いを伝える

保育者に比べて、栄養士や調理員は保護者と接する機会が少ないため、文面を通じて給食作りへの思いや調理室での約束ごとなどを伝えます。保護者が気軽に質問などしやすくなります。

ここがPOINT！
食事の悩みの解決法は親子で楽しめる内容に

偏食や咀しゃくについてなど、次々にあがる食への悩み。一般的な解決法には食材の調理法や与え方へのアドバイスがありますが、舌のストレッチや体操など、親子で楽しく実践できる方法を提案しています。

徳持幼稚園(東京都)

第4章
こんな時どうする？
食のお悩み＆アレルギー対応

監修／太田百合子（P72〜）、宮本直彦（P90〜）

子どもの食に対する保護者の心配はつきないもの。前向きに取り組めるようアドバイスしましょう。また、近年増える食物アレルギーの対応について紹介します。

ここがポイント！

- 指しゃぶり・おもちゃをなめる。
  ↓
  唇への刺激が大切。
- 離乳食の開始は、ポタージュ状によくすりつぶす。
- 適度なとろみをつける。

A 嫌がる原因となるものを探りましょう

　最初の離乳食に向く食品として、アレルギーになりにくく、甘味があるおかゆからスタートします。おかゆの粒の舌ざわりを嫌がる場合があるので、ポタージュ状によくすりつぶします。おかゆを嫌がるときは、カボチャ、カブ、ジャガイモなどのポタージュ状にしやすい野菜がおすすめです。また、発達に合わせることが大切なので、首のすわりやお座りの状態、口元の発達なども確認し、開始する時期は月齢で判断するのではなく、子どものようすを見て判断します。また、食べさせ方で嫌がることもあります。唇は食べ物を感知する場所なので、スプーンを口の中に入れすぎないようにします。

Q 離乳食をスムーズに進めるには？

A 空腹の状態から食べ始めて

　機嫌が悪かったりぐずったりすると、つい母乳を与えてしまうのが母心。しかし空腹にならずに離乳食の時間になるので食が進まない、という悪循環になってしまいます。ぐずるときは外出したり抱っこしたりして気分転換をはかり、できるだけお腹がすいた状態で離乳食を食べられるように心がけます。3回食が安定してくる頃には早朝の授乳もやめて朝食に備えます。少しずつ母乳以外のことへ興味を持たせることも大切ですが、スキンシップをたくさんとり、子どもの気持ちにも寄り添いましょう。

授乳回数の目安は…

離乳食のスタート時
▼
園・家庭合わせて一日5〜6回

3回食が安定してきたら
▼
早朝の授乳をやめて朝食をとれるようにする

A とりわけメニューで食卓を楽しくしましょう

　3回食に慣れたら、大人の食事からとりわけして与えると良いでしょう。1歳前後は奥の歯茎で咀しゃくするので、幅広い食材を食べられるようになります。味噌、醤油、みりん、砂糖、塩、油や、卵アレルギーの心配がなければマヨネーズを使って味に変化をつけても。味噌汁、煮物、煮魚などは薄味にしてとりわけます。旬の食材を意識したり、手づかみしやすいものを一品用意するなどの工夫で、食卓を楽しく演出しましょう。

> 我が子が離乳食を食べてくれたときの喜びは、保護者にとって特別のものです。一方で、なかなか食べてくれないときは、何が原因なのかと思い悩んでしまうことも。そんな保護者の気持ちに寄り添いながら、改善の方法を伝えましょう。

とりわけのメリットは？

- 保護者が食べ物を扱うようすや食べる姿を見せる ▶ 食事への興味、関心
- 食卓で共通の会話を楽しむ ▶ 家族への仲間入り
- 旬の食材やバリエーション豊富な調味料を楽しむ ▶ 多彩な味覚を経験できる

食べたがらないときはどんなとき？

- 子どもの成長よりも離乳食の進め方がはやい
- 回数を増やした
- 内容がワンパターン
- 無理に食べさせてしまった

A 焦らず、ゆっくりと進めましょう

　はじめて離乳食を与えるときの保護者の心境は、期待と緊張、不安が入り交じってとても敏感。保護者のそんなようすが子どもにダイレクトに伝わり、うまくいかなくなることも少なくありません。「食べてくれない」と悩む保護者には、その気持ちに寄り添い、経過を確認して気になる点があればアドバイスをします。お手本通りに進めようとして、保護者自身も気づかないうちに子どもに無理強いしたり怖い表情で食べさせたりしている場合もあります。まずは焦らず、子どものペースに合わせて進めましょう。

他にもある！ベビーフードのQ&A

Q 市販のベビーフードは使っても大丈夫？

A 9か月以降は鉄欠乏による貧血になりやすくなります。栄養を強化するための一品として、手作りメニューに加えても良いでしょう。
　また、外出時には衛生面で安心なので便利。状況に合わせて上手に利用しましょう。

第4章 食のお悩み&アレルギー対応

Q 好き嫌いなく何でも食べる子にするには？

「好き嫌いが多くて心配…」という保護者の声はよく聞かれます。何でも食べられる子になって欲しい、という思いからときには強制的に食べさせてしまうことも。まずは、楽しく食事することの大切さを伝えましょう。

A 好き嫌いの原因を探りましょう

　乳児と幼児では、好き嫌いの原因が異なります。乳児の場合は、まず味覚の未発達や経験不足からきています。甘み、うま味、塩味は比較的受け入れやすいのですが、苦み、酸味は避ける傾向にあります。けれども、大人がおいしく食べる姿を見せるうちに幼児期を通して受け入れられるようになります。また、離乳食の硬さや大きさが発達に合わないことも原因のひとつです。

　幼児は奥歯が生えそろってないために咀しゃくがうまくできなかったり、はじめて見る料理に抵抗を見せることもありますが、何回か食事に出すことでなじんでいきます。また、無理強いされたり吐いたことがあるなどの経験が記憶として残り、嫌がることもあります。

好き嫌いはなぜ起こる？

乳児の場合
- 味覚の発達（経験不足）
- 離乳食の硬さ、大きさが発達に合っていない

幼児の場合
- 咀しゃくがうまくできない
- 経験不足による「食わず嫌い」
- 嫌な経験による情緒反応

現場の声 聞いてみました！ 子どもの食事で困っていることは？

順位	内容	割合(%)
1位	遊び食い	45.4
2位	偏食する	34.0
3位	むら食い	29.2

【その他】
・食べるのに時間がかかる
・よく噛まない
・ちらかし食い　など

（平成17年乳幼児栄養調査結果より抜粋）

A 苦手な食材は調理法を工夫して与えましょう

奥歯が生えそろわない幼児は、食べづらいものがたくさんあります。サンドイッチに挟まれているレタスやキュウリをはがして食べたり、いなり寿司の油揚げとごはんを分けてしまうことがあります。これは食感の違いを嫌うから。その場合は同じ柔らかさで食感をそろえると食べやすくなります。味付けも大切な要素です。苦手とする野菜は味付けの工夫をすることで食べることもあります。しょうゆや塩、味噌、カレー粉、マヨネーズなどの調味料やたんぱく質のうま味を利用することでおいしくなり、食が進みます。

どう工夫する？
- レタス→加熱してスープやチャーハンに入れる
- ホウレンソウ→バターソテーやごま和えなど調味料を加える
- トマトや豆→皮を取り除く
- ブロッコリーやひき肉→シチューなど、とろみのあるものに入れる
- サツマイモや食パン→スープ煮やフレンチトーストのようにしっとりとさせる
- コンニャクやキノコ→小さく切って弾力を抑える

聞いてみました！ 現場の声　苦手な食材は？
1位 野菜
2位 肉
3位 乳製品

他にもある！ 好き嫌い・偏食のQ&A

Q 甘いものしか食べないので困っています

A 子どもは甘味が大好きです。甘いものの味を覚えてしまうとそればかりを欲しがり、ほかのものには見向きもしません。そんなときは、保護者も強い意志が必要。甘いものを買わない、子どもの言いなりにならないことが大切です。根気よくほかのもののおいしさを伝えましょう。

Q 園ではしっかり食べるのに、家では食べてくれません

A 家では食が細くても、園できちんと食べていればそれほど心配はいりません。食事の量は一日のトータルで考え、量より質が良ければ心配いりません。

A いっしょの食事やお手伝いを通して食べる楽しさを伝えましょう

乳幼児期は食に関するさまざまな経験が大切です。「おいしいね」「どんな味がするかな」「どんな音がするかな」などと会話をしながら食べる楽しさを引き出し、食べたい意欲を育みましょう。

また、いっしょに買い物に行って子どもと相談しながら食材を選んだり、サヤエンドウのすじとりやトマトを洗うなどの簡単な手伝いを頼んだり、お鍋に材料を入れる、調味料を加える、味見をしてもらうなどできる範囲でお手伝いをしてもらいましょう。お手伝いをしてもらったら、すかさず「ありがとう」と気持ちを伝えることが大切。子ども自身がかかわることで、苦手な食材にチャレンジしようという気持ちが芽生えます。

第4章 食のお悩み&アレルギー対応

A まずは温かい目で見守りましょう

つかまり立ちができるようになると、どこでも立ち上がりたくなるのは当然の姿。自然と食事の時間も立ち歩きが多くなってしまいます。むしろ心配なのは、しつけを気にするあまり、食事の時間に怖い顔をしていたり、強制的に座らせようとする保護者の行動です。豊かな食育のためにも、食事の時間は、楽しい時間であることが大切。この時期はお行儀を強要するよりも、楽しみながら食事に集中できる環境を整えることが大切です。

聞いてみました！ 現場の声 子どもの食事で気をつけていることは？

	1歳児	2歳児	3歳児
1位	栄養バランス	栄養バランス	栄養バランス
2位	いっしょに楽しく食べる	いっしょに楽しく食べる	いっしょに楽しく食べる
3位	食事のリズム	食事のマナー	食事のマナー
4位	食事のマナー	食事のリズム	食事の量

（平成17年度乳幼児栄養調査結果より抜粋）

Q 立ち歩かないで食事に集中するには？

A 集中できる環境を整えましょう

好奇心旺盛な1〜2歳児は、食事に興味を向ける工夫で集中して食べる時間を増やします。たとえば、料理の途中に泣いてぐずると、お菓子やジュースを与えてしまいがちですが、少しがまんをさせることも必要です。食卓で「これは何かな？」「どれが好き？」などと今日の食材を話題にしてみることも有効。食事のときはテレビを消し、おもちゃを片づけて食卓のまわりをスッキリさせることも習慣づけたいものです。

また、椅子と机の高さが体に合っていることも大切。スプーンやフォークを使う時期になったら、持ちやすいものを選んだり、子どもが食べやすいような食器を用意するなどの工夫も必要です。

ココを確認！ 椅子とテーブルのチェックポイント

- 座ったらお腹の位置にテーブル（クッションなどで座面を調節してもOK）
- 足の裏が足台（または床）についている

食具とお皿は…

- スプーン、フォーク
  ・柄が短く握りやすい
  ・軽くてすくう部分の大きさが口角の2/3
- 食器
  ・お碗のような立ち上がりがあるもの

A お手伝いで食への興味を育みましょう

お店へ買い物にいくときに、旬の食材をいっしょに選んだり、簡単な料理の下準備を手伝ってもらったりすると良いでしょう。「参加している」ことに喜びを感じ、自然と食への興味も芽生えます。3歳を過ぎれば切る、形作るといったこともできるようになります。また、食べ物を扱った絵本を読んだり、行事食を楽しむなど、園で行っていることを家庭でも取り入れるように保護者に伝えましょう。食への興味を育むことで、自然と立ち歩きが少なくなります。

他にもある！ マナーのQ&A

Q 手づかみ食べから食具を使うようになるのはいつごろ？

A 9か月くらいから食べ物に興味を示し、少しずつ触りはじめます。食べさせてもらう時期から徐々に手づかみ食べが上手になり、1歳半頃では食具を使えるようになります。はじめは、脇が開かないので食べこぼすことも多いですが、2歳を過ぎる頃には上達します。

Q 食べこぼし対策のアイデアは？

A 子どもは食べこぼすものですから、イライラは禁物。たとえば、椅子の下にシートを敷くだけでも、片づけの手間がはぶけます。

第4章 食のお悩み&アレルギー対応

離乳食も順調に進み、幼児食に移行する時期に気になるのは、食事のマナー。「園ではちゃんと座って食べられるのに、家に帰るとどうして…」と保護者の悩みは尽きませんが、焦らずゆっくりと見守ることが大切です。

成長を見ながら根気よく伝えましょう

外食する機会が増えてくると、お行儀よく座って欲しいという思いを持つものです。しかし、3歳までは座ってきちんと食べることは難しいので、短時間で切り上げるなどの工夫が必要です。

家では一つの手段として、席を立ったら食事を片づけてしまうという方法もあります。お腹がすいたら次の食事は座って集中して食べることができます。このような繰り返しで「食事中は座る」というマナーが身についていきます。マナーを根気よく伝えることで、成長とともに社会性も育ちます。焦らず食卓を囲む時間を楽しみましょう。

Q 肥満にならない食事の与え方は？

離乳食に慣れてくると目安量以上に欲しがり、与えていいのか、与えすぎると肥満にならないか、という相談が増えます。子どもの将来のことを心配する気持ちも当然ですが、この時期はあまり神経質に制限する必要はありません。

A 愛情を持って食事を与えましょう

離乳食を開始してしばらくすると飲み込むことが上手になります。興味が出てくるとすぐに口を開いて要求するようになります。ペースの速さが気になるときは、「モグモグね」「おいしいね。ママも食べたいな」などと声をかけると口の中に食べ物をとどめやすくなります。

一方で、目安量にとらわれず食べたい量だけ食べさせることも必要。空腹を満たしてくれるという安心感で保護者の愛情を感じとることができるからです。安心感が育たないと、その後に過食するような行動に発展することも。園でも同じ保育者が愛情を持って食べさせることで、安心感が育ちます。

他にもある！ 食事量のQ&A

Q 時間が遅くなってしまったときの食事で気をつけることは？

A 消化が良くて食べやすい豚汁やけんちん汁などはおすすめです。時間のあるときに野菜をたくさん茹でて冷蔵・冷凍しておくと時短につながります。

Q いつまでも食べるのをやめようとしません

A 生活にメリハリを持つことが大切。食事のあとはいっしょに片づけたり、散歩に行ったり、食べることだけに集中させないことです。楽しいことがあれば「ごちそうさま」をします。ぐずったときにすぐに食べ物を与えていると、ストレスがあると食べる習慣がつき、肥満につながります。

食事量を制限すると……

安心感がない。愛情で満たされない
▼
「食べられるときにたくさん食べよう…」
▼
過食への第一歩！

A 年齢ごとの成長の目安を知りましょう

1歳前後ではまだ満腹感がありません。保護者は子どもの状態を判断し「お腹がすいてたね」「お腹いっぱいになったね」などと声をかけることで次第に空腹、満腹の感覚が育ちます。2歳頃のぽっちゃり体型はほとんどが良性タイプ。成長曲線をみると5～6か月までは体重が急激に増加しますが、その後は落ち着きます。体型に関係なく、規則正しい生活習慣と満足する量の食事を与えることが大切です。3歳以降は不規則な生活習慣、運動不足、孤食などの環境から肥満につながることがあります。子どもの成長を把握するために出生からの計測値を成長曲線に記録して、増減の変化を見ることが大切です。

> **ココを確認！**
> **肥満につながる保護者の行動**
> - [ ] 機嫌が悪いときに相手をしないで食べ物を与える
> - [ ] 食卓にはいつも子どもの好きなものばかりが並ぶ
> - [ ] 使う食材の幅が狭く、献立に変化がない
> - [ ] 外食・間食が多い
> - [ ] 味つけが濃い
> - [ ] 大皿盛りが多い

A 肥満になりにくい食事の工夫をしましょう

あまり噛まなくても食べられる献立は、早食いになりやすく、満腹感を感じる前に食べてしまうので要注意です。たとえば、カツ丼、親子丼などのどんぶりものや、卵かけごはん、納豆、お茶漬け、とろみのあるカレーライスやシチュー、麺類など。一品だけにせず、副菜をつけてバランスをとる工夫が必要です。また、具材を大きめに切ったり必要以上に柔らかくしたりしないようにすることも大切。咀しゃくが必要な食材も意識して取り入れ、早食い防止へつなげましょう。

> **肥満の子が苦手！咀しゃくに役立つ食材**
>
> - ●ペラペラしたもの（レタスやワカメ）
> - ●皮が口に残るもの（豆やトマト）
> - ●硬くて噛み切りにくいもの（かたまり肉、エビ、イカ）
> - ●弾力のあるもの（こんにゃく、かまぼこ、キノコ）
> - ●口のなかでまとまらないもの（ブロッコリー、ひき肉）
> - ●唾液を吸うもの（パン、ゆで卵、サツマイモ）

第4章 食のお悩み＆アレルギー対応

Q 下痢や便秘に悩まないためには？

食べたものがそのまま出たり、下痢が続いたり…。便の状態は、子どもの健康に直結するだけに、離乳食が進むにつれて、保護者は子どもの便の状態に敏感になります。相談があったら生活習慣なども確かめ、ていねいにアドバイスしましょう。

A 正しい知識を身につけましょう

ウイルス性、細菌性の下痢のときは発熱か嘔吐を伴うことが多いので医療機関を受診するように勧めましょう。また、離乳食によって便の状態は変わります。たとえば、機嫌は良いけれど便が柔らかいという理由でおかゆだけを食べさせていても、便は固まりません。月齢に合わせて離乳食を進めると、正常な便に戻ることもあります。

一方で気になるのは便秘です。5日以上便通がないと肛門の収縮が悪くなり慢性的な便秘になることも。排便がうまくいかず泣いて痛がったり、出血したりすることもあります。規則的な生活習慣と月齢に合わせて離乳食を進めること、水分を十分に摂取することも大切です。

他にもある！ 下痢のQ&A

Q お腹を壊したときにおすすめの食材は？

A 下痢の場合は、ペクチンを多く含むニンジンやリンゴがおすすめです。すりおろしたり、発酵性食品であるヨーグルトと和えて食べさせましょう。水分が不足しないようにすることも大切ですが、ジュースは糖分が多く下痢をしやすいので控えましょう。

うんちの基本目安は…

生後間もなく
▼
一日に7〜8回
（授乳のたびに排便する場合も）

2か月以降
▼
1日に2〜3回から
2〜3日に1回の子も

A 下痢の原因を探りましょう

離乳食を始めた直後は消化機能が未発達のため、ニンジンやホウレンソウなど繊維質のものはそのまま出てくることがあります。これは特に心配することはなく、野菜を咀しゃくしたり多彩な味を知ったりする経験にもなるので、気にせず進めて大丈夫です。一方、特定の食べ物をとった後に下痢をする場合は食物アレルギーが、体調に変化が見られて下痢をしている場合はウイルス性の病気が考えられます。

下痢をしているときに多いのは、おむつかぶれ。肛門が赤くなったり、お尻全体が赤くかぶれたりして痛がることもあるので、注意が必要です。

おむつ交換やシャワー、座浴などをこまめに行い、お尻を清潔に保つことも大切です。

下痢のときの食事は？
- 母乳やミルクは普段通り
- 水分は電解質飲料、水、麦茶、味噌汁
- ごはん、うどんなどの炭水化物
- 野菜の煮物（食物繊維の少ないもの）
- 白身魚、豆腐、鶏のささみ　など

ココを確認！

下痢のときは…
- 熱があって食欲がないときでも、アイスクリーム、洋菓子、ジュースなどはガマン！

便秘のときは…
- 生野菜は量が食べられないので、煮る・炒めるでカサを増やす
- お菓子・野菜ジュースのとりすぎに気をつける

便秘のときの食材は？
- 100％果汁（一日50mlが目安）、マルツエキス（麦芽糖）、オリゴ糖などの糖分
- サツマイモ、サトイモ、果物、海藻、葉物野菜、ヨーグルトなど
- バター、サラダ油などの脂質（3回食以降の場合）

A 便秘の原因を探りましょう

便秘の場合は、食事量、水分量の不足が考えられます。食事内容は食物繊維の多い食品を取り入れるようにします。

また、全身運動が不足していないか、不規則な生活リズムになっていないかを確認しましょう。「の」の字にお腹をマッサージすることも効果的です。

● 便通を良くする「の」の字マッサージ

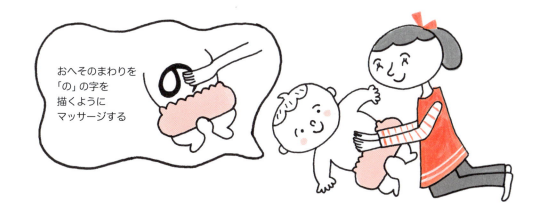

おへそのまわりを「の」の字を描くようにマッサージする

第4章　食のお悩み&アレルギー対応

A 1〜2歳児のおやつの役割を知りましょう

おやつは離乳食を完了して幼児食に移行したときに「補食」として位置づけられるものです。特に1〜2歳児はまだあそび食べやむら食い、食事中に眠くなってしまうなど、安定して栄養をとることができないため、一日に1〜2回の栄養補給が必要です。そこで食事に影響しない量で不足しがちな栄養を補うことが大切です。

あくまでも「補食」が目的ですので市販の乳幼児用菓子ばかりにならないように気をつけましょう。子どもの欲しがるときに与えているとむし歯や偏食、肥満になることもあります。

「補食」におすすめの食品は？

食べやすく、満足感が得られるものが最適です。

- うどん
- おにぎり
- エダマメ
- トウモロコシ
- プリン
- ゼリー
- 果物
- ヨーグルト
- サツマイモ
- ジャガイモ

Q 年齢に合わせたおやつの上手な与え方は？

おやつのポイントは？

- 必要なエネルギー量の10〜15%（個人差あり）
- 時間を決めて必要な分量だけお皿に出す
- ながら食いはしない
  （おやつに集中できる環境作りを）

A 3〜5歳児のおやつの役割を知りましょう

食事で栄養を十分にとれるようになると、おやつの役割は「楽しい時間」になります。家族や友達といっしょに食べ、会話を楽しむ時間となるように心がけましょう。また、季節の行事や旬を感じられるものと市販のお菓子を上手に組み合わせて、変化を持たせる事も大切です。手軽だからと言って市販のスナック菓子のようなものばかりを与えるのは禁物。食事に関心がなくなり、偏食になったり、だらだらと食べる癖がついてしまうこともあります。「おやつの時間」は、できるだけ保護者も「いっしょにリラックスする楽しいひととき」になる演出を心がけましょう。

A おやつには利点もたくさんあります

おやつの時間は、子どもにとって楽しみな時間です。しかし、量、回数、時間を決めて与えないと、健康的な食生活が営めなくなります。おやつの役割は栄養補給の他、食べることの楽しさや喜びを体験できること。いっしょに食べる友達や兄弟、保護者と分け合うひとときの経験は、食べたい意欲を引き出します。また、おやつを食べるときは、食事のマナーが無理なく身につきやすいという利点もあります。さらにおやつをいっしょに手作りすることで、食に関する興味も広がります。

子どもにとっては大好きなおやつですが、保護者にとっては「ぐずったときはついつい…」「食事に影響しないか心配…」など新たな悩みの種。量や時間を考慮しながら適切に楽しむのがおやつのポイントです。おたよりなどで定期的におやつについての助言をすることで正しい意識づけができるとよいでしょう。

他にもある！ おやつのQ&A

Q おやつにつながる園での効果的な食育は？

A 数々の名作絵本のなかには、おいしそうな食べ物が出てくるお話がたくさんあります。「ぐりとぐら」のホットケーキ、「ぐるんぱのようちえん」のビスケットなど。園では読み聞かせの後、実際にみんなで作っていっしょに食べてみるのもアイデア。作って食べる体験は食に対する興味を育てます。

A 規則正しいおやつ習慣を身につけましょう

おやつの味を覚えると、不都合なタイミングでねだられることが多くなります。降園時の買い物で欲しがったり、夕食の支度中に要求されたり。疲れているとつい与えてしまいがちですが、「もうすぐごはんだから、ちょっと我慢できるかな」と話し、基本的には家に帰ってから食べる、という習慣をつけたいものです。

また、夕食まで、少し時間がかかるという場合は、夕食に影響しない果物やヨーグルト、蒸したサツマイモやジャガイモを少量与えると良いでしょう。

年齢別 おやつコントロール術

1～2歳児 ▶ 食事とおやつのバランスを一週間程度にならして栄養摂取に問題がないか、食事に影響していないかをチェック。おやつが中心にならないように気をつけましょう。

3歳以降 ▶ 我慢すること、自分で調整することを覚える時期。「おやつを我慢したらごはんがおいしいね」とほめたり「キャンディーを食べたから歯を磨かなきゃね」という声かけを。

第4章 食のお悩み&アレルギー対応

Q 濃い味好きにならないためには？

大人がおいしそうに味の濃い食べ物を食べていると、子どもは興味を示し、欲しがります。そこで気になるのは、塩分の過剰摂取や味覚の育ちへの影響です。適度においしさとのバランスをとりながら薄味への工夫を保護者に伝えましょう。

A 発達に合わせた味つけと目安を知りましょう

　味覚を感じる機能は、妊娠14週からすでにはじまり、生後5か月頃には、大人と同じ味覚が備わるといわれています。味覚の発達は、いろいろな味の経験が必要ですが、離乳食開始時はうま味の経験が特に大切です。カツオやコンブからとっただしで調理し、食材の持つ味を引き出します。2回食になると、果物や野菜の持つ甘味、たんぱく質のほかに、野菜の苦味や独特のにおいを少量の味噌や醤油の塩味で調えて食欲を刺激します。3回食になれば、酸味、苦味なども含めさまざまな味を薄味で経験できるよう、食材や調味料を工夫します。

　塩分の過剰摂取や濃い味に慣れると、血液中のナトリウム濃度が高くなり生活習慣病へもつながります。薄味にして尿中から塩分を排出してくれるカリウムを含む食品（ジャガイモ、ワカメ、リンゴ、バナナなど）を摂取することも大切です。

「味覚」が完成するまで

- **妊娠14週** ▶ 「味蕾（みらい）」が完成。糖類の甘味、アミノ酸のうま味を認識
- **生後3〜4か月ごろ** ▶ 塩味を認識
- **5か月ごろ** ▶ 大人と同じ味覚に発達

塩分摂取量の目安と主な食材（1日）

- 5〜6か月‥‥0g
- 7〜8か月‥‥0.3g（しらす干し、味噌汁の上澄みなど）
- 9〜11か月‥‥0.5〜1.0g（バター、醤油、味噌など）
- 1歳〜1歳半‥‥2.0g（ウインナー、ハムなど）
- 1歳半以降‥‥成人（女性7.0g未満、男性8.0g未満）の1/2

A 大人の食事も減塩を心がけましょう

　9か月を過ぎると、大人の食べているものを欲しがり、自分の離乳食には手をつけないという姿も見られるようになります。自分のお皿から子どもに与えるときに大切なのは「どうぞ」「おいしい?」などということばのやりとりです。食事を分け与えるという保護者の愛情が伝わり、さらに同じ食事をし、会話を楽しむことで「共食」へとつながります。このような環境を作りあげるために、最も大切なのが大人の食事が子どもに分け与えても問題のない食事であることです。もちろん、大人の食事をなんでも分け与える必要はありませんが、旬の料理や子どもに適したものなどは、大人の食事も減塩に配慮した味つけをこころがけましょう。

他にもある！ 濃い味の Q&A

Q 出汁はそのまま使って大丈夫?

A　カツオやコンブなどを煮出して自分でとった出汁は、薄めることなくそのまま使って大丈夫です。この他、1歳をすぎると厚揚げやさつま揚げなどの練り物も便利。煮物などに少しだけ利用するとおいしい出汁がでるのでよく食べます。

Q お菓子類のチェックポイントは?

A　市販のお菓子は、栄養表示を確認してから購入しましょう。特に、量は1袋あたりなのか、1枚あたりなのか確認を。ナトリウム表示の場合、塩分を計算します。
塩分相当量(g)＝ナトリウム量(mg)×2.54÷1000　たとえばナトリウム400mgは塩分約1gです。

ココを確認！ 塩分摂取のチェックポイント

- 出汁はちゃんととっている?
（風味調味料を使ってない?）
- ハム、漬物、塩蔵品、冷凍食品などをよく使う?
（塩分が高いので要注意）
- 朝食に市販の菓子パン、総菜パンを食べていない?
（味が濃いので要注意）
- 食卓の上に卓上調味料(しょうゆ、ソース、ケチャップ、マヨネーズなど)は置いてある?
- 麺類のつゆは飲んでいる?
- せんべいやスナック菓子は多い?
- 外食は多い?
- 市販の総菜、弁当をよく利用する?

A 薄味でおいしく食べるコツを知りましょう

　塩分＝「腎臓に負担がかかる」「体に悪影響」という情報ばかりが先走ってしまうと、保護者は極端に調味料をおさえ、味気ない食事になってしまいます。子どもが食事を食べないといって悩むケースでは、味つけが薄すぎておいしくない、ということも少なくありません。素材の味を生かしながら適度に味つけをしておいしい食卓を彩りましょう。また、外食のときは、うどんなどの和食がおすすめ。汁気のものはとりわけたあとにお湯で薄めたり、ほかのものは味を確かめて、湯や水でさっと洗って食べさせましょう。

A 7〜8か月頃の「丸飲み」は原因を探りましょう

　7〜8か月になると、なめらかにすりつぶした離乳食を飲み込むとすぐに口をあけて催促するほど上手に食べるようになります。保護者は思わずスピードアップし、子どもはどんどん丸飲みに、というケースもあります。さらに、食物繊維の多い野菜がそのまま便に出てしまうことから、いつまでもなめらかにすりつぶした離乳食ばかりを与えている場合もあります。この時期の食事で必要なのは、飲み込めるものと、舌でつぶすものの2種類を用意すること。そして、「お豆腐、おいしいよ」などと話しながら、スプーンの上に豆腐を乗せ、よく見せてからゆっくりと口に運びます。口の中の食べ物が完全になくなるまで、次の一口を運ばないことが大切です。

ココを確認！

「丸飲み」に陥りやすい原因
- 食べさせるスピードが速い
- 食事を与えるときに、声かけをしない
- いつまでもハンドミキサーなどでなめらかにしている

Q きちんと噛んで食べる子にするには？

歯ごたえの種類と食材
- 「パリパリ」→スティックキュウリ、キャベツなど
- 「カリカリ」→ナッツ、ゴマなど
- 「サクサク」→天ぷらの衣、春巻きなど
- 「トロトロ」→あんかけ、茶碗蒸しなど

A 9か月頃は噛みたくなる工夫をしましょう

　食べ物の硬さや大きさは、子どもの発達に合わせて調節することが大切です。9か月頃には舌を動かし食べ物を歯茎に移動させてつぶすことができますが、唾液と混ぜ合わせることは、まだできません。魚、肉、葉物野菜などはとろみをつけて、のどごしをよくしてから食べさせましょう。
　1歳を過ぎると自分で手づかみをして食べるようになります。そこで献立を一汁二菜に増やし、それぞれを個別盛りにします。手づかみしたくなるような形や色合いを工夫し、食事をする意欲を引き出しましょう。さらに、いろいろな歯ごたえを経験できるように食材にも変化をつけます。よく噛んで味わうように「どんな音がするかな」と楽しく盛りあげることも大切です。

A 幼児期の丸飲みに上手に対応しましょう

幼児期には丸飲みを心配するあまり「〇〇回噛みましょうね」と一口ごとに声をかけるのはよくあるケース。しかし、「おいしく味わう」という観点からみるとあまりおすすめできません。奥歯が生えそろうと、上手に咀しゃくして食べられるようになります。必要以上に神経質に考える必要はありませんが、柔らかい食事に偏ったり、いつでも飲み物が飲めたりすると、噛む習慣が身につきません。反対に硬いものばかりでは、食欲のある子は丸飲みが癖になってしまうので、適度にバランスをとりながら献立を考えることが大切です。

丸飲みを心配して、いつまでも柔らかいものばかりを与えていては噛む力が育ちません。意識して柔らかいものを与える時期から、「噛む」経験が必要な時期へ移行するときのポイントをお伝えします。

柔らかい食事とは…
- シチュー・カレーなどとろみのあるもの
- 豆腐、卵料理
- 納豆かけごはん、卵かけごはん
- うどんなどの麺類

「噛む」メリットと「噛まない」デメリット

噛むメリット
- 消化を助ける
- 味覚が育つ（口の中で味わい、鼻に抜ける感覚の経験）
- 食べ過ぎを予防する
- 運動能力を育てる（食いしばる能力）
- 歯並びを良くする

噛まないデメリット
- 誤嚥がおこる
- 魚の骨がささる、ミニトマトや餅がつかえる

▼

嫌な経験が好き嫌いの原因に

他にもある！ 噛むことの Q & A

Q 奥歯が生えそろうまで要注意の食材は？

A
- 奥歯が生えそろう3歳頃まで、ていねいに噛み砕くことが必要な食べ物
…大豆、ピーナッツ、餅、こんにゃくゼリーなど
- 誤嚥しやすいので食べやすく工夫する必要のある食べ物
…ミニトマト、かたまり肉、イモ、パンなど

Q 3歳児以降にトライしたい食材は？

A すでに食べているエビ、イカ、タコ、貝類など弾力のあるものは噛む練習にもなり、栄養価も高いのでおすすめです。また歯ごたえのある豆、おからなどもタンパク質、鉄、食物繊維を多く含んでいるので積極的に食べさせましょう。

A 保護者に具体的にアドバイスを

食事を味わいながら噛んで食べることは大切ですが、忙しい日々を過ごしていると噛む姿を見過ごしがちです。実際に、保育者が園で子どもの丸飲みを心配しているにもかかわらず、保護者は気づかない…というケースも。機会があるごとに噛む大切さを家庭と連携しながら話し合い、献立の工夫を提案しましょう。また、食事のときは「いい音がするかな？」「〇〇ちゃんのお口に入っているもの、何かな？」などと聞き耳をたてる仕草をしたり、テレビを消して会話を楽しむなどの環境作りも大切。具体的にアドバイスすることで、家庭でも実行されやすくなります。

Q 失敗しない幼児食への移行法は？

食べさせてもらっていた離乳期から自分で食べるようになる幼児期。大人と同じものを食べるようになりますが、あそび食い、ムラ食いなど幼児期特有の食行動が目立つ場面も増えてきます。離乳食から幼児食への上手な移行法をお知らせします。

A 和食を中心に、洋食・中華を組み合わせて

四季折々で旬の食材があり、素材の味を引き立てることができる和食は、幼児食のデビューとして最適。なかでも野菜の煮物からスタートするのがおすすめです。見た目を意識して彩りよく、咀しゃくしやすいように柔らかく煮込んで与えましょう。慣れたら徐々に大きさや硬さをアレンジしていきます。

魚料理の中でも、特に保護者が戸惑うのがお刺身。海沿いなど、新鮮な魚が手に入る地域ならば早めに食べさせることもありますが、一般的には2〜3歳以降にしたいものです。

さまざまな味、食感を通して食べ方を学んでいくので、和食以外の洋食、中華料理も組み合わせてバリエーションを増やしましょう。

離乳食終了のサインは？

- 形があるものを歯や歯茎などで噛み切ることができる
- 3食から必要な栄養素をとることができる
- 自分で食べたがるようになる

1〜2歳児の一日の食事目安量（3回食＋おやつ）

主食	ごはん子ども用茶碗1杯、8切り食パン1枚、ゆでうどん1/3玉
主菜	卵1/2個、肉（薄切り肉）2/3枚、魚切り身1/3切れ、豆腐1/5丁
副菜	緑黄色野菜80g、淡色野菜100g、海藻10g、イモ類（ジャガイモ）1/2個、果物（リンゴ）1/3個
その他	牛乳コップ1杯とヨーグルト1/2個、油や植物油小さじ1杯、砂糖10g

A 食べやすいメニューで食べる意欲を育てていきましょう

自我が芽生えてくるので、自分で食べたい気持ちが強くなります。思わず食べたくなるメニュー、前歯でかじりとれる硬さなどを意識して、「自分で食べたい」気持ちを育てましょう。幼児が食べやすいメニューのほか、食材の切り方、調理法の工夫が大切になります。

丸飲みしていないか、一口量が多すぎないかなど、食べるようすを見ながら、子どもに合った形や硬さを考慮し、食べやすくなるよう工夫しましょう。

幼児が食べやすいメニュー
- 和食→煮魚、煮物、味噌汁など
- 洋食→ドリア、グラタン、フレンチトーストなど
- 中華→中華あんかけ、炒り豆腐のあんかけ麻婆豆腐風、蒸し鶏とキュウリのバンバンジー（ごまだれ）など

積極的に与えないで！ 栄養補助食品（サプリメント）

保護者：好き嫌いが多い子どもに少しでも栄養を与えたい

▼

- 幼児期は見たり食べたりする食品の種類と機会が増えるごとに慣れていく
- 野菜ジュースや〇〇入りお菓子を与えても好き嫌いの克服にはつながらない
- 子どもは大人よりもサプリメントの影響を受けやすく、使用には注意が必要

▼

サプリメントに頼るよりも、メニューの再考が大切

他にもある！ 幼児食への移行のQ&A

Q 食べさせてもらうのを待つ子には？

A　自分で食べられるはずなのに、甘えて保護者に食べさせてもらおうとすることも。愛情表現として、ときには応じてあげましょう。一方で、手づかみやスプーンで食べたくなる形や彩りを考えた食事の工夫も大切です。

Q ごはんにおかずを混ぜ込みたがります

A　1歳児の間は、ふりかけなどをかけたがる時期です。一時的なものと考えてブームが去るのを待っていれば、そのうち飽きるかもしれません。

また、大人が食べているようすをまねしている場合もあります。いっしょに食べる大人が正しい食べ方のマナーを見せることが大切です。

A お気に入りの食具を用意します

スプーンやフォークを使いたがるようになったら、好きなキャラクターの絵がついた愛着が湧く食具にしても良いでしょう。子どもといっしょに買い物に行き、子ども自身に選ばせるのもアイデア。お気に入りのスプーンやフォーク、お皿を持つだけで、食事の時間の楽しみが一つ増えます。自分のお皿が決まっていたら、食事の準備のお手伝いで、自分のお皿に盛りつけてみたり、食卓を自分で整えてみたりでき、食事の時間への期待が高まります。

食物アレルギー

ここ数年、症状を持つ子どもが増えている食物アレルギー。基本的な知識をはじめ、家庭や医療機関との連携、園で行うべき対応など、栄養士や給食にかかわる職員のみならず、職員一人ひとりが理解することが大切です。

食物アレルギーとは？

アレルギーを持つ子どもを園全体で見守るために

環境の変化などさまざまな原因から、食物アレルギーを持つ子どもが増えています。栄養士、調理員だけでなく、園全体でアレルギー児を見守り、対応することが必要です。家庭や医療機関との連携、起きてしまったときの対応法などアレルギーについて学んでいきましょう。

食物アレルギーのしくみ

身体を守るはずの免疫システムが過剰に働くことで起きる反応

私たちの身体には、細菌やウイルスといった病原体の侵入から身体を守る「免疫」というシステムがあります。それが、特定の食品を食べることで、身体を守るはずの免疫システムが過剰に働き、その食品（アレルゲン）を追い出そうとする刺激物質が体内に放出されてしまいます。そして、身体のあちこちに不快な症状が現れる、その症状をアレルギー反応といいます。

うちの園のアレルギーの子は…

卵アレルギー 堺みどりさん 2歳児

小麦アレルギー 田中あつしくん 3歳児

ナッツアレルギー 林ゆきさん 5歳児

アレルゲンについて

代表的なアレルゲンは日常的に使用頻度の高い食品

アレルゲンとは、アレルギーを引き起こす物質のことを言います。食物アレルギーの場合のアレルゲンは、全体の約50％をしめる鶏卵に続いて、牛乳、小麦の順に多く、三大アレルゲンと言われており、全体の3分の2をしめています。以下、大豆・ナッツ類、そば、カニやエビといった甲殻類、キウイやバナナなどの果物類、魚類などになっています。学童期になると、鶏卵や牛乳に代わって、甲殻類、果物類が問題となってきます。

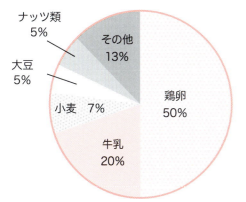

保育所における食物アレルギーの原因食

- 鶏卵 50%
- 牛乳 20%
- 小麦 7%
- 大豆 5%
- ナッツ類 5%
- その他 13%

出典：厚生労働省「保育所におけるアレルギー対応ガイドライン」

鶏卵

卵黄よりも卵白が原因の大部分をしめます。加熱することで症状が出にくくなりますが、スクランブルエッグやかき玉汁など火の通りが弱い調理法では注意が必要です。

牛乳
1歳過ぎに良くなるケースと、年長になってもなかなか良くならないケースに分かれ、良くならない場合は少量の摂取でも症状が強く出る傾向があります。

小麦
鶏卵とは異なり、加熱してもあまり症状が起きにくくはなりません。また、症状が強くなければ、大麦を原料とする麦茶などを除去する必要はありません。

大豆・ナッツ類・その他

三大アレルゲンに、そばとピーナッツを加えたものを五大アレルゲンとも言います。乳児期に与える機会が少ない食物のため、年齢が上がってからの発症が多く見られます。

アレルギーの現状

成長に従い有病率が減少！？ ただし症状は個人で異なる

全国調査※によると食物アレルギーを持つ子どもの割合は、0、1歳児が最も多く、2歳児以降は年齢が上がるにつれて低下しています。これは成長に伴い、食べられなかった食品が食べられるようになったためと考えられます。また、症状は摂取後1、2時間以内にじんましんなどの皮膚に出ることが最も多く、咳や下痢などの症状もあります。複数の臓器に症状が現れ、命にかかわる重篤な状態＝アナフィラキシーショックは、摂取後数分以内に起こることが多いです。

〈アレルギーの症状〉

皮膚	じんましん／かゆみ／湿疹など
粘膜（目・口・鼻・顔全体）	まぶたの腫れ／目のかゆみ・充血／口の中の違和感／唇の腫れ／くしゃみ、鼻水、鼻づまりなど
消化器	吐き気／嘔吐／腹痛／下痢など
呼吸器	のどの違和感・かゆみ／声がかすれる／胸が締めつけられる感じ／息がしにくいなど
神経系	頭痛／活気がなくなる／意識障害など
循環器	血圧低下／脈がふれにくい、または不規則／唇や爪が青白いなど
全身	アナフィラキシーショック（P.96参照）

※保育園児105,853人を対象とした平成21年日本保育園保健協議会による調査

第4章 食のお悩み＆アレルギー対応

園での対応について

給食やおやつへの対応は保護者・医療機関との連携を密に

アレルギー児が入園した場合、保護者だけの判断でアレルゲン除去を進めると不適切・不必要な除去が起こり、栄養不足によって貧血や成長障害などの問題が起こることがあります。医師の記載が必要な生活管理指導表（P.93）などを利用しましょう。その場合、年齢が上がるにつれて食べられることがあるため、1年に1回は見直しを行います。最近では食物負荷試験が普及したおかげで、以前よりも早い時期に解除し食べられるようになってきました。医師や家庭と連携をとりながら、安全を第一に生活の質を低下させない除去を心がけましょう。

ポイント
- 必ず医療機関で記載
- 1年に1回は見直しを！
- 年度始め（4月）に合わせて見直す

保護者：園にアレルギーがあることを伝え、医師の診断を受ける

園：記載された生活管理指導表をもとに対応する

医師：生活管理指導表を記入する

アレルギー児への対応の流れ

アレルギーを持つ子どもの把握
- 入園面接時に、アレルギーについて園での配慮が必要な場合、申し出てもらう。
- 健康診断や保護者からの申請により、子どもの状況を把握する。

保護者への生活管理指導表の配布
- アレルギー疾患により、園で配慮が必要な場合に保護者からの申し出により、配布する。

医師による生活管理指導表の記入
- 主治医、アレルギー専門医に生活管理指導表を記載してもらう。（保護者は園の状況を医師に説明する）
- 保護者は必要であれば、その他資料などを園に提出する。

保護者との面談
- 生活管理指導表をもとに、園での生活や食事の具体的な取り組みについて、施設長や嘱託医、看護師、栄養士、調理員等と保護者が対応を決める。

園内職員で共通理解をする
- 実施計画書等を作成し、子どもの状況、園での対応（緊急時など）について職員が共通理解をする。
- 園内で定期的に取り組みにおける状況報告などを行う。

生活管理指導表の見直し
- 1年に1回、見直しを行う。

生活管理指導表の例

厚生労働省「保育所におけるアレルギー対応ガイドライン」

よくある！食物アレルギーQ&A

Q1 昔にくらべてアレルギー児は増えていますが、なぜですか？

A 食の欧米化など原因はさまざまです

厚生労働省の調査では、患者数は年々増えており、人口の3分の1が何らかのアレルギーがあると報告されています。下記など、さまざまな要素が原因と考えられています。
＜アレルギー児増加の原因＞
●スギやダニといったアレルゲンの増加　●食生活の欧米化　●環境汚染　●細菌や寄生虫の病気の減少　●抗生剤の使用による腸内細菌の環境の変化　●ストレス

Q2 成長するとともに、いつかは食べられるようになりますか？

A 5歳までに食べられる可能性は高いです

一般的に鶏卵、牛乳、小麦、大豆は食べられるようになる場合が多く、鶏卵は4歳までに約5割、牛乳は3歳までに約5割、小麦は4歳までに約6割、大豆は3歳までに約8割が食べられるようになっています。しかし、その一方でそばやピーナッツ、甲殻類、魚類などは食べられるようになりづらい食物であると言われてます。

Q3 アレルギーにならないための予防法は？

A ありません。妊娠・授乳中の食事制限はNG

以前は、妊娠・授乳時に母親の食事を制限したり、離乳食を始める時期を遅くしたりすると良いという説がありましたが、アレルギーの発症率が減少するほど予防効果のある報告はありませんでした。そのため、素人判断で食事制限をすることは、成長期の子どもの栄養面で問題が生じるので、やめましょう。

対応での注意点

食物アレルギーの治療は、「原因となる食物を摂取しないこと」が基本であるため、園での対応は安全面を第一に、簡単で単純な方法から行うようにしましょう。

1 完全除去 or 解除のどちらかに！

園生活の中で細かな食物除去を行う場合、対応が複雑になり誤食などのミスのもとになりがちです。そのため、できるだけわかりやすい「完全除去」か「解除」のどちらかにしましょう。解除の場合は、十分な量が食べられることを確認してから行います。

2 アレルギー発症食材の使用を避ける

重症化することがあるそばやピーナッツ、また、新規に発症することがあるエビ・カニ・キウイ・バナナは、あえて給食で利用しないという選択も症状誘発の予防策となります。また、小麦粉粘土の使用を避けるなど、口からの摂取以外にも考慮しましょう。

3 加工食品は原材料の確認を

加工食品は、原材料の確認がとれないものは使用するべきではありません。製造業者、納品業者に対してアレルギー物質に関する詳細報告を求め、書類で保管しておきましょう。過去に、牛乳アレルギーの子どもに対し、いつも食べていたミカンゼリーと同じ規格だからと原材料を確認せずにモモゼリーを食べさせたところ、アナフィラキシーショックになり搬送される事故がありました。原材料の確認は絶対です。

4 はじめて口にする食品は避ける

食べたことがない食品は、園で提供する量をまず家庭で与えて症状がないかを確認してもらいましょう。過去に、園ではじめてピーナッツバターを食べて、全身にじんましんが出て慌てて受診した子どもがいました。事故を防ぐためには、食べたことがない食品を事前に保護者へ確認してもらい、はじめて口にする食品は出さないように徹底することが大切です。

5 二重、三重のチェック体制をとる

職員同士の連携によるミスをなくす対策として、二重、三重のチェック体制をとりましょう。
① 食事内容を記載した配膳カードを作成し、調理・配膳・食事の提供までに何度も確認する。
② 食器やトレーの色を変える。
③ 調理員―栄養士―保育者の間で、声出し確認を行う。
④ 職員全員が把握できるよう知識や連絡、対応をマニュアル化しておく。
※保育所におけるアレルギー対応ガイドラインより抜粋

一般児用

アレルギー児用

アレルギー対応例。アレルギー対応の子どもの食器を変えたうえで、さらに専用トレーにのせて配膳。調理後は栄養士―看護師―保育者の3名で確認して提供することを徹底します。

6 混入による事故を防ぐ

アレルギー対応食専用の調理スペースと専任の調理員を確保することが理想ですが、一般的に園の調理室は小規模なため、混入による事故を防ぐために作業動線や工程の工夫、声出し確認を行いましょう。また、多くの食材の搬入日に当たる月曜日にはなるべく負担の少ない献立にするなどもアイデアです。

第4章 食のお悩み&アレルギー対応

7 非日常のイベントでは特に注意する

遠足やお祭り、運動会などのイベントのときには事故が起こりやすくなります。当日の注意はもちろん、事前に保護者へ連絡することも含めていつも以上に園全体で配慮することが必要です。また、普段から除去で頻度の多い原因食物（鶏卵・牛乳・小麦）を使わない献立を取り入れてみるのも良いでしょう。

緊急時の対応

症状が出たときに園で行うべき対応

実際に食物アレルギーの症状が現れてしまった場合、軽い症状なら抗ヒスタミン薬を内服させます。ただし、アナフィラキシーショックなど重い症状にはすぐに医療機関への受診が必要です。さらに、事前に医師から処方されている場合はアドレナリンの自己注射薬である「エピペン®」を注射することが効果的です。ショック症状に対して30分以内にアドレナリンを投与することが生死を分けるとも言われています。迷ったら、エピペン®投与を行う意識を園全体で共有するようにしましょう。

アナフィラキシーについて

素早い判断が求められる緊急性の高い症状

アナフィラキシーとは、複数の臓器に症状が現れ、じんましん、嘔吐、腹痛、ゼーゼーとした息苦しさなどの症状が出る反応を言います。さらに、血圧の低下や意識障害を伴う場合をアナフィラキシーショックと言います。アレルギー反応の最も重い症状が出た場合には命にかかわる危険があります。比較的、原因物質の摂取後すぐに症状が出るため、5分以内に判断し、対応することが重要です。

〈緊急性が高いアレルギーの症状〉

消化器の症状	□繰り返し吐き続ける □持続する強い（がまんできない）お腹の痛み
呼吸器の症状	□のどや胸が締めつけられる　□声がかすれる □犬がほえるような咳　□持続する強い咳き込み □ゼーゼーする呼吸　□息がしにくい
全身の症状	□ぐったりしている　□唇や爪が青白い □脈がふれにくい、または不規則 □意識がもうろうとしている　□尿や便を漏らす

対応の手順

 アレルギー症状が出た
 原因食物を口に入れた
 原因食物に触った

発見者（保育者や園職員）
- 子どものそばについて、目を離さない
- ほかの職員など応援を呼ぶ
- 処方されている場合、内服薬やエピペン®を用意
- 保護者へ連絡

緊急性が高いアレルギーの症状がある場合
素早く判断する（5分以内）

 ある
- すぐにエピペン®を注射する
（体重15kg以上の子ども）
- 救急車を要請し、医療機関を受診

 ない
- 内服薬がある場合は飲ませる
- 安静にできる場所へ移し、経過を見守る

エピペン®について

必要性を判断した場合 勇気を持って投与を

エピペン®は、体重15kg以上の子どもでアナフィラキシーがあった場合やそのリスクが高い場合に医療機関で処方されます。意識がなくなるほどのショック状態に陥ってからの使用ではなく、その前段階である、頻発する咳や呼吸困難などの症状での使用がより効果的です。保育者が必要性を判断した場合は、躊躇せずに勇気を持ってエピペン®の投与を行いましょう。また副作用は血圧上昇や心拍数増加がありますが、軽いとされているため大きな不安を抱く必要はありません。保育者が自ら注射できない状況の子どもに代わって注射することは人命救助の観点からも「緊急避難行為」として違法性は問われません。

エピペン®の構造

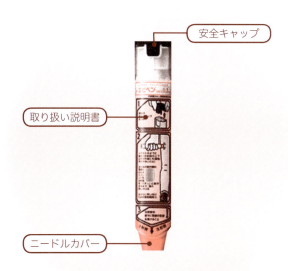

- 安全キャップ
- 取り扱い説明書
- ニードルカバー

エピペン®には使用期限があるため、保管する場合は期限を確認しましょう。

※写真のエピペン®は、エピペン注射液0.3mgで体重30kg以上の人に処方されるものです。体重15kg以上30kg未満の人は、エピペン注射液0.15mgが処方されます。

エピペン®の使い方

1 準備

❶携帯用ケースのカバーキャップを指で押し開け、エピペン®を取り出します。
❷オレンジ色のニードルカバーを下に向けて、エピペンの真ん中を片手でしっかりと握ります。
❸もう片方の手で青色の安全キャップを外し、ロックを解除します。

安全キャップ

2 注射

❶エピペン®を太ももの前外側に垂直になるようにし、ニードルカバーの先端を「カチッ」と音がするまで強く押し付けます。
❷太ももに押し付けたまま数秒間待ちます。
❸エピペン®を太ももから抜き取ります。

※緊急の場合には、衣服の上からでも注射できます。

3 確認

注射後、オレンジ色のニードルカバーが伸びているかどうかを確認します。伸びていれば、注射は完了です（針は使用前も使用後もニードルカバー内にあります）。

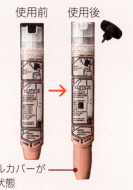

使用前　使用後

ニードルカバーが伸びた状態

4 片づけ

使用済みのエピペン®はニードルカバー側から携帯用ケースに戻します。

"エピペン®の使い方　簡単ガイドブック"より転載

case 1 延長保育の時間におやつを食べて

- **年齢・性別**：1歳　男児
- **アレルゲン**：卵
- **原因**：卵を使用したプリン
- **症状**：じんましん
- **経過**：延長保育の時間におやつが出ました。担任の先生は食物アレルギーについて理解していましたが、そのときは別の先生が担当していました。担任でない先生は子どもの卵アレルギーのことを聞いておらず、卵を使用したプリンをおやつで与えてしまい、食べて子どもは全身にじんましんが出現しました。
- **解説**：掲示板には食物アレルギー児の情報が記載されていましたが、直接担当の先生に伝達はなく、掲示板の確認を怠ったため、原因アレルゲン入りのおやつを渡してしまいました。
- **対策**：食物アレルギーのことを掲示板に記載するだけでなく、直接しっかり伝達すること、また、配膳トレーに原因アレルゲンを記載したカードを載せることも配膳の間違いを防ぎます。食物アレルギー児のエプロンに、アレルギー情報を大きく記載するのも良い方法と考えられます。

case 2 食材がよくわからない料理だったのだけど…

- **年齢・性別**：1歳　女児
- **アレルゲン**：ゴマ
- **原因**：豆腐チャンプルー
- **症状**：じんましん、目のかゆみ、眼球充血、喘鳴
- **経過**：月初めに、献立表をもらい、除去してもらう料理をチェックし、提出していました。食材の中には、ゴマ油を使用しているか、使用していないかわからなかったため、除去をチェックせずに提出してしまいました。残念なことにゴマ油が混入しており食べた直後よりじんましん、目のかゆみ、眼球結膜充血、喘鳴までも生じてしまい病院を受診しました。
- **解説**：わからない食材の部分をしっかりと確かめなかったために誤食してしまいました。
- **対策**：献立表をチェックして、アレルゲンかどうか、わからない食材が使用されている場合は栄養士さん、調理員さんに必ず確かめるようにしてください。原因アレルゲンが入っているかどうかわからない料理は原則として除去するほうが安全です。

繰り返さない！ 園でのアレルギー事故例

保育園での誤食による事故が2008年の1年間で29％（約3割）起きています。
事例を知ることで、実際の園での取り組みや対応に役立てましょう。

出典：食物アレルギーひやりはっと事例集2013

case 3 園でおかわりのシチューを食べて…

- **年齢・性別**：3歳　女児
- **アレルゲン**：牛乳
- **原因**：おかわりのシチュー
- **症状**：じんましん、嘔吐、腹痛
- **経過**：園では牛乳除去食となっていました。牛乳除去のシチューを食べた後、おかわりをしました。そのとき、誤って牛乳除去でないシチューをおかわりで食べさせてしまいました。食べ終えた直後に腹痛を訴え、嘔吐し、全身にじんましんが出ました。母親と連絡をとり、主治医の病院に搬送し、ステロイドの点滴注射等の処置で症状は軽快しましたが、大事をとってその日は入院することになりました。
- **解説**：牛乳入りも、牛乳除去のシチューも見た目はまったく区別がつかないため、除去食は色の違うお皿とスプーンが使用されていましたが、おかわり用は、お皿の色は除去されていないものと同じ色で、スプーンのみ、色を変えてあったそうです。そのため、除去されていないシチューが間違って与えられてしまいました。
- **対策**：普通食と除去食とを誰が見ても区別できるように、除去したアレルゲンを明記したカードをつけるべきです。色を変えたり、スプーンの形を変えたりするだけでは、区別のルールを知らないスタッフには判断できません。配膳するときは、指差し呼称で確認することも大切です。

case 4 えっ！　それが原因だったの？

- **年齢・性別**：5歳　女児
- **アレルゲン**：牛乳
- **原因**：牛乳石けん
- **症状**：手洗い後の手の発赤
- **経過**：園で手洗いの後、手首から指にかけて時々赤くなることがありました。原因はわからないまま同じ症状を繰り返していましたが、ある日、母が園に問い合わせると「石けんは各家庭から持ち寄ってもらい、みんなで使っている。銘柄の指定はしていない」と言われました。確認すると、牛乳石けんも含まれていました。共用の石けんを使わなくなると、手が赤くなる症状は出なくなりました。
- **解説**：当初、誰もまさか石けんが原因でアレルギー症状が出るとは思っていなかったため、同じ症状を繰り返していました。食物アレルギーのお子さんは、原因食品を食べる以外に、触ったり、吸入することによっても症状が出る恐れがあることを、保育士は知っておく必要があります。
- **対策**：園で共用の石けんを家庭から持ち寄ってもらう際は、食品成分が含まれていないものにしましょう。

第5章 みんなで実践！クッキング保育

監修／坂本廣子（P102〜）

子どもの発達において、自ら調理する体験はとても大切です。食材の知識や技術、自分でできた達成感や友達との助け合いなどが自然と身についていきます。

クッキング保育 実践レポート

新田保育園（東京都）
年長児クラス

年間40回以上行われている新田保育園のクッキング保育。「子どもたちにできるだけたくさん食にふれる機会を作りたい」と保育者からのリクエストが多く、栄養士、調理員たちがそれに応えながら、協力して行われています。

● **献立**
・メキシカンライス
・卵入りキャベツスープ

● **ねらい**
・メキシカンライスの作り方を知り、挑戦する。
・友達と協力しながら料理することを楽しむ。

● **材料（子ども18人分＋大人2人分 ※おかわり含む）**

<メキシカンライス>
・米…1升
・ニンジン…1本
・ウインナー…600g
・タマネギ…1個
・バター…60g
・カレー粉…6g
・塩…適量

<スープ>
・キャベツ…1個
・かつおぶし…40g
・卵…4個

● **道具**
・包丁　・ピーラー　・炊飯器
・まな板　・しゃもじ　・ホットプレート
・ザル（大・小）　・おたま
・ボウル　・さいばし
・鍋　・IHコンロ

● **環境**

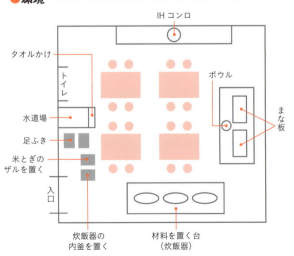

1 準備する

子 三角巾、エプロンを身につけ、手洗いをする。

2 手順と分担を伝える

保 メキシカンライスの作り方と、各グループに材料を切る分担を伝える。

3 米をとぎ、炊飯を始める

保 1升（10合）の米を全員分に分ける。
子 一人ずつ米をとぐ。
保 といだ米に水を入れ、水の量を子どもたちと確認する。バター、カレー粉を加えて、炊飯器で炊く。

バターとカレー粉投入！

保育者の声かけ　一粒のお米にも神様がいるんだよ。こぼさないように大切にしようね

クッキング保育を見守った保育者の感想	・年少児から米とぎを体験していますが、まだ力加減が難しく、シンクに米を流したり、釜に移すときにこぼしたりしてしまうことがありました。もっと経験させてあげたいです。 ・メキシカンライスの作り方を知らない子どもたちにとって、普段はあまり使わないカレー粉やバターが入ることはとても興味がそそられたようです。目でも変化を楽しめる調理でした。

4 スープの出汁をとる

かつおぶしの味がするよ。あったかくておいしい

保 鍋の水にかつおぶしを入れて火にかける。出汁がとれたら、一口ずつカップによそい子どもたちに味見をさせる。

5 材料を切る

保 ニンジン→ピーラーで皮をむき、斜め切りにする。／タマネギ→皮をむいて輪切りにする。／キャベツ→一番上の葉をとり、芯を切ってざく切りにして下準備する。

子 ニンジン、タマネギをみじん切り、キャベツはひと口大（2cm角）に切り、ウインナーは輪切りにする。

先生、目にしみる～！

保育者の声かけ：目にしみる成分が栄養なんだよ。こすらないで、顔と手を洗ってきて

ガンバレ！ガンバレ！フレーフレー！

保育者の声かけ：いつもといっしょ、ネコの手だよ。硬いから重ねて切らなくていいよ

6 切った材料を炒めて、ごはんと混ぜ合わせる

保 切ったニンジン、タマネギ、ウインナーを保育者がホットプレートで炒めて、塩で味を調える。炊き上がったごはんを大鍋に移し、炒めた具と混ぜ合わせる。スープは、出汁にキャベツを入れてゆで、塩で味を調えたら、卵を入れて完成。

7 できあがり

保 メキシカンライス、スープを全員分とり分け、給食の献立「かじきみそ照焼（カロリーを考え半量に）・きんぴらごぼう・煮豆」と並べて「いただきます！」

おいしい

ぼくが切ったニンジン、ほら入ってたよ

クッキング保育に挑戦しよう

本物の食材と道具を使って料理を作るクッキング保育は、子どもたちが大好き。できるだけ子ども自身で作り、達成感が味わえるように導きます。

"本物体験"でこそ味わえる自己肯定感

　年齢が小さくても、やりたいと言ったら料理を体験させてあげましょう。料理は科学です。子育ての最終目的が"自立"としたら、自分の力で考えて作り上げる"体験"をさせましょう。"体験"は「子どもだまし」ではいけません。考える、そして正しい判断ができるように、子どもにこそ本物の"体験"が基本として必要なのです。体験は誰も代わってあげることはできません。だからこそ一人の人間としてきちんとした"本物体験"をさせてあげてください。

　そのために周りの大人は、子どもの体験を妨げてはなりません。包丁を持つ子どもの手が危なっかしくても、できるだけ子ども自身の力で活動させたいものです。大人の先回りしての心配が、結局、子どもになんの体験もさせない結果になりかねません。これでは、食材を切っても、子どもは「自分で切った」とは到底思えません。当然「やった！」という達成感も出てきません。

　食育体験で最も大切な子どもの育ちは、「こんなに難しいものでもやり遂げた」、「わたしってすごい」と心から思える自己肯定感なのです。

見る・聞く・感じる・考えるを育てる

はじめは大人の動作を見て、聞いて、再現をする活動。次に、自分の手で作業することで食材が変化することを発見し、できあがることで「達成感」を感じます。さらに、自分の活動を対象化して工夫する力や考える力を育みます。

「自分でできた！」「みんなでできた！」

ピーラーでニンジンの皮をむいて「できた！」という実感。一部の子どもだけが味わうのではいけません。どんな作業もみんなが体験すれば、また家庭に戻ったときに作れます。どの工程の経験も抜けないように配慮しましょう。

実感から得る「自尊感情」

自分の力で作ったという達成感は「料理って楽しい！」という実感を生み出します。これを繰り返し経験することで、ちゃんとできる自分を「素晴らしい」と信じられるようになります。これが「自尊感情」を育てるのです。

段取りがわかり、助け合える

料理に慣れてきたら、1品だけではなく、2〜3品を組み合わせた献立を考えましょう。時間内に終えるという状況の中から、自然と段取りができ、友達のすり鉢が揺れたらすぐに支えるなどの助け合いができるようになります。

クッキングを楽しむポイント5

本物の食材と道具を使うクッキング保育ですから、計画や準備をしっかり整えることが大切です。
始める前に心がけておきたいことを5つのポイントでご紹介しましょう。

Point 1 本来の姿にふれよう

「キャベツとレタスはどう違う？」「ネギの根っこ、ヒゲみたい」。実際にふれてみてはじめて実感することはたくさんあります。おままごとではなく、本物のクッキング保育だからこそ可能な限り食材を原形で用意します。

Point 2 子ども仕様の手順で

たとえばパン生地やハンバーグなど、ボウルでこねるような作業では、飛び散りなどを考慮してボウルの代わりにポリ袋を使うのもアイデア。どのように工夫したら子ども自身で作業できて、ちゃんとできあがるかを考えて手順を決めましょう。

Point 3 ことばで表現しよう

「いま、どんな味になった？」「お鍋の中で団子が浮いてきたら煮えているよ」など、さまざまな工程で質問をなげかけ、子どもたちが感じた思いを自分のことばにして表現できるようにします。こうすることで、より強く記憶に残る体験となります。

Point 4 「自分で見つける」手助けを

「硬いから両手を使って切ってみようかな」。子どものこんな発見はクッキング保育の醍醐味。そのためには難しいと思う作業でも子ども自身の手で積極的に挑戦させることが大切。大人が先回りしてはいけません。

Point 5 行事体験をしよう

日本の食文化は、とても美しく趣深いものです。同じ料理でも地域によって習慣や食材、味つけが異なることも。行事にちなんだ料理を園や家庭で積極的に取り入れ、子どもたちが体験できるように心がけましょう。

こんな効果も！ 好き嫌いを克服！

クッキング保育では、好きな食材ばかりを調理するとは限りません。ところが、自分で食材にふれ、調理すると、新しいこわいものではなく、親しみが持てます。馴染んだらなんでも食べられるようになります。無理強いしないから、自分で食べる力が出るのです。

第5章 クッキング保育

実践 準備をしよう

クッキング保育を成功させるために、準備と段取りは必要不可欠。衛生的な配慮などもふまえて、事前にしっかりとそろえておきましょう。

身仕度

清潔で動きやすい服装、すべらない靴を着用します。さらに三角巾と自分で着脱できるエプロン、清潔なタオルを用意します。三角巾は、あらかじめ結び口にゴムをつけてつなげておくと、自分でかぶりやすく便利です。髪は後ろに束ねて、すっきりとまとめます。手を洗ったりするときに使うタオルを一人一枚用意します。安全ピンなどでエプロンにつけておくと便利です。

タオル
手拭きは、ほかの人と共用しない。

髪型
頭には三角巾をつけ、横から出る髪は後ろで束ねる。

服装
自分で着脱ができる、シンプルな形のエプロンをつける。

足元
転ばないように、すべらない靴を履く。

道具

調理器具

コンロ、包丁、まな板、バット、ボウルなど基本の道具のほか、献立によって必要なものをそろえ、バットなどにひとまとめにして各テーブルに配ります。ラップ、ゴミ入れ、ポリ袋、洗剤、スポンジなども忘れずに。

鍋

各料理の分量が十分に入る大きさの鍋を用意しましょう。鍋に水を入れて煮る料理などは、あらかじめ水の分量を量り、鍋に入れてから各テーブルに配ります。炒めた後に煮る料理は、別の容器に水を入れておきましょう。

食器

子どもに合ったサイズと形のものを選びましょう。盛りつけたときにきれいで「全部食べた」と喜びを味わえる適量の食器が最適です。きれいに洗い、熱湯などで消毒したものを、テーブルごとに全部まとめておきます。

あると便利なもの

ダイコンやキャベツの千切りに便利なスライサー、骨を切るためのキッチンばさみ、みじん切りが大量に必要ならフードプロセッサー、ダイコンなどをおろすときに使うおろし金など、献立によっては用意しましょう。

食材

食材は新鮮なものを用意します。きれいに洗い、使用する分量を原形でそろえます。乾燥しないようにラップやポリ袋に軽く包み、人数分をバットに入れて各テーブルに配ります。

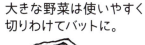

大きな野菜は使いやすく切りわけてバットに。

野菜

ダイコンやニンジンなどの大きな長い食材は、輪切りにして切りわけるのではなく、縦に長く切りわけます。皮をむく手順があるからです。次に来る手順を考えて下処理をしましょう。ラップに包み、バットに入れて各テーブルに配ります。

下処理の必要なもの

こんにゃくや魚のうろこなど、下処理をして配るものは、原形を見せるか説明するかして処理の前後がわかるようにします。使用するものとは別に原形を一つ用意してもOK。

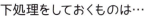
下処理をしておくものは…

ごはん

お米をまとめて炊いておく場合は、炊きあがったら炊飯器に入れたままでは風味が落ちてしまいます。おひつかボウルにわけて入れ、各テーブルに配りましょう。

生もの

衛生と鮮度を保つために細心の注意をはらいます。各テーブルの分量に切りわけてから冷蔵庫に保管し、クッキング保育が始まってからとり出して配ります。

第5章　クッキング保育

「一人でできた！」と思えるための準備を

包丁はよく切れるものを

けがを心配するあまり、切れない包丁を用意するのは逆効果。扱う子ども自身も、うまく切れないと、自分が下手なのだと感じて自信を失ってしまいます。よく切れる包丁を使えばけがもなく、扱い方も上手になります。

下処理は最低限に

クッキング保育で大切なことの一つに、食材の原形を知ることがあります。あらかじめ下処理したものを用意するだけでは、本来の姿と異なるわけです。まったく異なる姿になるものは必ず下処理をデモで見せましょう。

実践 当日心がけること

衛生面への配慮

　まずは、しっかりと手を洗います。手洗い場は決めておき、泡ポンプの石けんでしっかりと洗います。洗い場が高ければ踏み台を置いておきます。手拭きはペーパータオルを使用するか、各自で用意した清潔なタオルを使用します。
　三角巾の脇から髪が出ている場合に備えて、保育者は数種類のピンやゴムを用意しておくと良いでしょう。けがをしたりしている子は防水絆創膏に貼りかえるか、薄いゴム手袋をはめるなどして、菌が移るのを防ぎます。

※手の洗い方はP118_02ポスターを参照してください。

体調への配慮

　当日参加する、保育者と子どもたちの体調を確認します。風邪をひいていたり、下痢をしていたりといった症状があるときは、様子を見て判断する必要があります。嘔吐したときはしっかり処理をします。病気が感染したり、食中毒の原因にならないように、準備しておきましょう。
　また、手が荒れている、料理の途中で傷をつけてしまった、という場合は防水絆創膏や、ゴム手袋をしてテープでとめるなどして対応します。

けがへの対処

　包丁やピーラーなどで切ってしまったら、まずはティッシュなどで傷口をギュッとおさえます。血がとまったら傷の深さを確認し、浅ければ防水絆創膏を貼ります。深ければガーゼなどで止血し、防水のテープをまいてとめます。
　やけどの場合は、すぐに流水で冷やしたあと適切な処置をして、症状がひどければ病院へ行きましょう。

実践 基本の動作：指導のポイント

包丁を使う

料理を始める前には、必ず包丁の確認をします。「これは何？」「包丁のお仕事は？」「刃のところを触ってギュッとひっぱったらどうなるかな？」などと問いかけ、子どもたち自身で包丁の扱い方が認識できるように導きます。

まな板についても同様に質問しながら、すべらないように安定させること、まな板の正面に立つことなどを知らせましょう。また、包丁を休ませるときは、刃を反対側に向けて、決まった場所に置くことを約束します。

第5章 クッキング保育

まな板とおへそがピッタリ
まな板の真ん中と、おへそが同じ場所になるように、中心に立つ。

置き方
定位置を決め、刃を誰もいない方向に向けて置く。

まな板はすべらない工夫を
まな板の下には、すべり止めシートかぬれたふきんなどを敷く。

台の高さ
ひじを軽く曲げて、指が台につくかどうかを確認！

踏み台
台の高さが合わないときは、グラグラしない安定したものを踏み台に。

年齢にこだわらずチャレンジを

「包丁は、もう少し大きくなってから」などと考える大人もいます。年齢は関係なく正しい扱い方をきちんと説明すれば良いのです。幼い頃から正しく使う力を養い経験を繰り返すことが大切です。

子どもに伝えたい！安全な包丁使いの5か条

「ネコの手」で押さえる
食材を押さえる手は、見えない卵を包んでいるように指先を丸め、ツメを立てるようにします。

小さい・硬い食材は指をのばして
小さい食材や、硬い食材は、押さえる手の指をピンとのばし包丁の背を押して切ります。

押したりひいたりして切る
基本は、包丁を上から押すだけではなく、前後に押したりひいたりするようにして切ります。

みじん切りは両手でトントン
みじん切りは、利き手で柄を持ち、もう片方は手をひろげ、指がすべらないように包丁の背を押します。

刃先には触らない
刃についたものは、刃先にふれないように中指で背のほうから押すようにとります。

実践 基本の動作：指導のポイント

火を使う

　火の扱いも、包丁同様に細心の注意が必要です。熱い鍋などに触るときは直接手でふれないように必ず鍋つかみを使うこと、鍋を台に置くときは、必ず鍋敷きを使い、直接置かないことなどを約束します。また、鍋の中に食材を入れるときにお湯がはねてやけどをすることもあります。「投げ入れたら、お湯がはねるからね」と話しながら、お玉を使ってそっと食材を入れるなどの工夫についても話しましょう。

鍋つかみ
乾いたもので。濡れているとやけどをすることも。シリコン製がすべらずおすすめ。

ふたは向こう
鍋のふたを開けるときは反対側に向け、湯気に当たらないように。

ホットプレートを使うときは

　二の腕が絶対に当たらない高さに設置します。また、料理をするときはトングやフライ返しなど長い道具を使って、プレートに肌がふれないように配慮することも大切です。利き腕ではない方の手がうっかりプレートに触ってしまうことも少なくありません。事前に十分に注意を促すことが大切です。使わないときは必ず電源を消すことを習慣づけると自然に火加減も調節できるようになります。また、電源を消しても余熱があることも伝えます。

子どもに伝えたい！ 安全なコンロ使いの6か条

髪や服に注意
火を扱う前は、髪やエプロンを再度チェック！　火が燃え移らないように、すっきりとまとめます。

隣のコンロに注意
複数のコンロを使うときは、火がついているか、消えているかの確認をこまめに行います。

取っ手は前に出さない
鍋の柄に引っかかると熱湯をかぶってしまうことも。鍋の取っ手はコンロより前に出ないように置きます。

そっと入れよう
怖いからといって、食材を投げ入れたら、お湯がはねて危険！　お玉にのせてそっと入れます。

ゆで汁は冷まして捨てる
ゆで汁を捨てるときは、水を2カップほど入れて温度を下げ、すべらない鍋つかみで鍋を持ち上げます。

取り出すときはあみじゃくし
取り出すときに重い鍋を持ち上げて、ザルに流し込むのは危険。あみじゃくしですくい上げます。

実践 基本の動作：指導のポイント

便利道具を使う

　食材の皮をむく、細長く切る、細かく切る、すりおろす、などなど…。料理によって作業はいろいろ。そんなときに活躍するのが便利道具です。まずは「これは何？」と問いかけ、使い方を子どもたちといっしょに確認しながら作業に入ります。「キュウリを薄く切るには何を使ったらいいかな？」などとクイズのように聞いても良いでしょう。

今日はスライサーを使ってキュウリを薄く切るよ

第5章　クッキング保育

ピーラー

野菜の皮をむくときに使います。食材は手に持つのではなく、「必ずまな板の上に置いてむこうね」と話しましょう。真ん中からむいて、次に反対側の真ん中からむくと、刃が当たらず指を削ってしまうことがなく安全です。

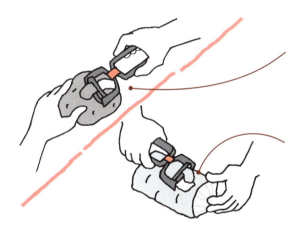

丸いものは真ん中から
ジャガイモなどは、中央からむき始める。すべるときはペーパータオルで包んで持っても。

長いものは縦に切ってから
細長いものは、縦に切り、断面を下にしてむくと安定感があってむきやすい。

スライサー

千切りや薄切りなどを、きれいに切りそろえたいときは、スライサーが便利。ピーラーで皮をむいてから切るときは、皮の部分を少し残しておくと、持ちやすいです。

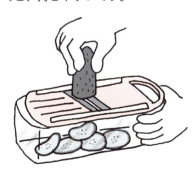

キッチンばさみ

パセリのみじん切り、ネギの小口切りなどは、キッチンばさみでチョキチョキと切ってもうまくできます。シソやのりを細長く切るときにも便利です。

おろし金

ダイコンおろしを作るときに欠かせないのがおろし金。下にすべり止めシートやぬれたふきんを敷き、ダイコンはキッチンペーパーにくるんで持つと、すべりにくくなります。

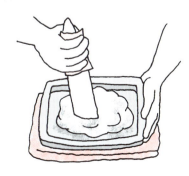

実践 作ってみよう：おすすめレシピ

クッキング保育は、園児たちも楽しみな活動の一つ。食材や道具などについても確認しながら、有意義な時間を過ごしましょう。材料は、子ども4人で作りやすい分量となっています。目安として使いましょう。

 主菜

サツマイモごはん

●材料（4人分）
- 米…2カップ（340g）
- 水…500ml
- 塩…小さじ2/3
- サツマイモ…100g
- 黒ゴマ（炒り）…小さじ1/2

●道具
炊飯器、まな板、包丁、しゃもじ

●作り方
＊保育者が援助しながら子どもたちが作ります。
① 米は、保育者がといで内釜に入れて、分量の水につけ30分おく。
② サツマイモは、まず元の形を子どもたちに見せ、保育者が棒状に切りわける。
③ 子どもに一人一本ずつ手渡す。
④ 保育者が炊飯器の内釜を取り出し、子どもたちは順番にサツマイモをポキポキと手で折って入れる。
⑤ 全員がサツマイモを入れ終わったら子どもが塩をひとつまみ入れてから炊く。

 保育者の声かけ 「では、向こうで炊いてくるね」

 保育者の声かけ 「ほ〜ら、こんなに炊けたよ！」

⑥ 炊き上がって子どもたちに見せたら、保育者がサツマイモをこわさないようにやさしく混ぜる。茶碗に盛り、黒ゴマを振ってできあがり。

塩焼き鳥

●材料（4人分）
- 鶏もも肉…2枚（600g）
- 塩…小さじ1/2

●道具
フライパン、トング2本、まな板、包丁

●作り方
＊すべての工程を子どもたちが作ります。
① 鶏もも肉は皮を下にして、3〜4cmのぶつ切りにする。

 ポイント 縦に3等分にして棒状にしてから配り、一人ずつ横に切ると切りやすい！

② ①を冷たいままのフライパンに皮を下にして入れ、中火にかける。

 ポイント 鶏もも肉を触った手は、すみやかに洗いましょう。

 保育者の声かけ 「皮を下にして、ぴったり重ならないように入れてね」

③ 肉がきつね色になったら、トングで裏返して焼く。

 ポイント 衛生上、肉を裏返すトングと、取り出して盛りつけるトングをわけましょう。

 保育者の声かけ 「お肉の周りが白くなってきたね。下のほうはおいしそうなきつね色になったよ」

④ 肉から出た油に塩を溶かし、まんべんなく味をからませる。

副菜

インゲンのゴマ和え

● 材料（4人分）
- インゲン…16本（60g）
- シメジ…100g
- 水…50ml
- 白ゴマ（炒り）…大さじ2
- Ⓐしょうゆ…小さじ2　砂糖…小さじ2

● 道具
鍋、さいばし、取り出し用あみじゃくし、計量カップ、計量スプーン、すり鉢、すりこぎ、スプーン（大）、まな板、包丁

● 作り方
＊すべての工程を子どもたちが作ります。

❶ インゲンは、口の幅の大きさに切る。

「お口の大きさに切ってね。（小さかったら）あれ？お口小さい？」

❷ シメジは包丁で石づきを切り落とし、もむようにして、バラバラにほぐす。大きいものは半分に切る。

「同じ長さにしてみよう。長いのさがしてね」

❸ 鍋に、インゲン、シメジ、水を入れてさいばしで混ぜながら炒り煮にする。

鍋の柄が子どものお腹に向かないように、注意を促します。コンロにのせた後の鍋の位置を確認します。

❹ 白ゴマをすり鉢ですり、Ⓐで味つけをする。

すり鉢の下には、すべり止めを敷きましょう。

「片手ですりこぎの頭を押さえて、もう片方の手は真ん中を持ってゴリゴリ回すよ」

❺ インゲン、シメジを鍋から取り出してすり鉢に入れ、和える。

取り出すときは、さいばしとあみじゃくしを使います。

つや玉トマト

● 材料（4人分）
- プチトマト…12〜20個
- 本みりん…50ml（ない場合は大さじ2の湯に、砂糖大さじ1）
- 塩…ふたつまみ
- 熱湯…1L

● 道具
あみじゃくし、鍋（またはボウル）、ガラスボウル、つまようじ、小鍋、マッチ（またはライター）、トマト容器、ポリ袋

● 作り方
＊保育者が援助しながら子どもたちが作ります。

❶ プチトマトが3〜5個入った容器を子どもたちに配る。つまようじで頭の部分を突いてからヘタをとる。

最初の1個は保育者が見本を見せるとわかりやすいです。

❷ 保育者は熱湯をわかし、ボウルに入れる。ガラスボウルには水を入れておく。

❸ 子どもたちは、プチトマトをあみじゃくしにのせて、熱湯の入ったボウルにそっと沈める。皮が割れたら、再びあみじゃくしですくい、ガラスボウルに入れ、冷めたら容器に取り出し、皮をむく。

❹ 保育者は小鍋に本みりんを入れてあたためる。さらに火をつけてアルコールをとばす。

部屋を暗くして火をつけると、子どもたちは大喜びです。

「燃えているのは、みんなが飲んだら酔っぱらうものよ。火をつけると燃えちゃうので、酔っぱらわなくなるの」

❺ アルコールをとばしたみりんは、十分に冷まし、塩といっしょにポリ袋に入れる。子どもたちは、自分でむいたトマトをそっとポリ袋の中に入れ、冷蔵庫で冷やしてできあがり。

第5章　クッキング保育

実践 作ってみよう：おすすめレシピ

おやつ

かたくり餅

●材料（4人分）
・片栗粉…1/2 カップ（65g）
・黒砂糖…1/2 カップ（60g）
・水…300ml
・きなこ（取り粉）…1/2 カップ（60g）
＊これらを半量ずつに分けて作ると作りやすいです。

●道具
鍋かフライパン（できればテフロン加工のもの）、計量カップ3個、バット（きなこ用）、木べら、キッチンばさみ

●作り方
＊すべての工程を子どもたちが作ります。
① 3個の計量カップに、片栗粉、水、黒砂糖の一度に使う量を入れておく。鍋に順に入れてそれぞれ混ぜる。
② ①を木べらで混ぜながら弱火にかける。

 ポイント 底から全体をすくい上げるようによく混ぜます。

「端っこも真ん中もギューっと底を押してよく混ぜてね」

③ 透き通って、やわらかいおもちのようになったら火を止める。

「火がちゃんと止まったかよく見てね」
「おもちが手につかないように、気をつけてね」

④ 取り粉のきな粉の上におもちを移す。きな粉をまぶしながらキッチンばさみで好きな大きさに切り、盛りつけてできあがり。

アーモンドケーキ

●材料（18cmデコ型1台分）
・バター…100g　　　┌薄力粉…100g
・砂糖…100g　　　A│アーモンドパウダー…50g
・卵…2個　　　　　└ベーキングパウダー…小さじ2
・粉砂糖…少々

●道具
ポリ袋2枚、はさみ、ケーキ型（18cmデコ型）、クッキングシート、オーブン、オーブン皿、まな板、ネットまたはタオル

●作り方
＊保育者が援助しながら子どもたちが作ります。
① ポリ袋に入れてバターは室温に戻す。両手でクリーム状にやわらかくなるまでもむ。

「手のひらのあたたかさで、やわらかくなるね」

② 砂糖を入れてさらにムラなくよくもむ。
③ 卵を割り入れて、さらにもむ。
④ Ⓐの粉類を、別のポリ袋で空気をたくさん入れて振りながら混ぜる。

「ポリ袋のお口をしっかり押さえて振ろうね」

⑤ ③に④の粉を入れてよくこねる。
⑥ ポリ袋の端を少し切り、クッキングシートを敷いた型へ太い線で円をかくように型全面に絞り出す。

 ポイント クッキングシートは、ピッタリと型につけるようにていねいに敷きます。

⑦ 保育者が180℃のオーブンに入れ、約25分焼く。
⑧ 乾いたタオル（ネット）の上に表面が下になるように取り出し、あら熱をとる。

「ほら！ フカフカだよ！」

⑨ 冷めてから、粉砂糖を振りかけてできあがり。

第6章
ポスター＆給食・食育だより素材集

素材について

- P114〜188に掲載されている素材は、すべて付属のCD-ROMにデータを収録しています。
  P000_00 は4C（カラー）、P000_00 は1C（モノクロ）のデータを収録していることを表しています。
- P120〜のテンプレート、P126〜のイラスト、P146〜のイラスト付き文例はすべて4C（カラー）と1C（モノクロ）のデータを収録しています。
- P146〜のイラスト付き文例は、4C、1Cそれぞれに以下のデータを収録しています。
  ①イラスト＋文例テキスト
  　（フォルダ名：illust-text）
  ②イラストのみ（フォルダ名：illust）
  ③文例テキストのみ（フォルダ名：text）
- P177〜188の書き出し文例、レシピ、とりわけ離乳食は、テキストデータのみ収録しています。

※P180〜188のレシピ、とりわけ離乳食…出典：こどもの栄養（一般財団法人　こども未来財団）

ポスター ＊食事の約束①

第6章 素材集

ポスター●食事の約束①

P114_01

P114_02

ポスター 食事の約束❷

P115_01

P115_02

1. ゆっくりあじわう
2. ひとくちをすくなく
3. おくばでしっかりかむ

P115_03

しょくじのやくそく

あいさつ 　しせい

よくかむ 　あそばない

P115_04

ポスター ＊食事の約束❸

02_poster → 01_yakusoku → P114-116_4C

第6章 素材集

ポスター●食事の約束❸

P116_01

P116_02

P116_03

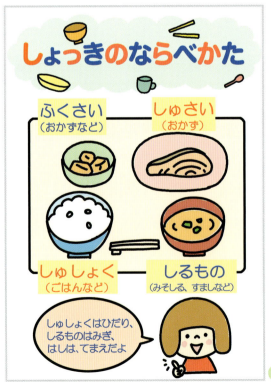
P116_04

ポスター ✴︎ 食事の前と後

ポスター ＊手洗い・うがい

02_poster → 03_tearai → P118_4C

第6章　素材集

ポスター ● 手洗い・うがい

P118_01

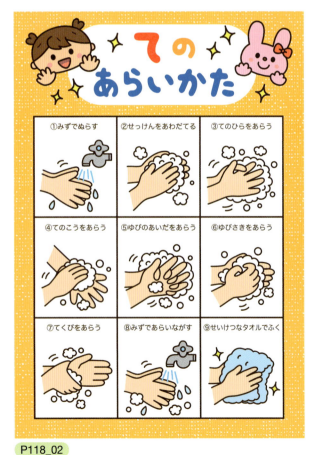
P118_02

P118_03

ポスター ＊保護者向け

02_poster → 04_hogosha → P119_4C

第6章 素材集 ポスター●保護者向け

食中毒を防ぐお弁当

5つのPOINTをチェックしましょう！
1. おにぎりはラップでにぎる
2. しっかり加熱。作り置きはさける
3. 冷ましてからふたをする
4. 梅干や酢を使って、いたみにくくする
5. 水けをよく切る

P119_01

こまめに水分補給

上手な水分のとり方
1. 外出する前と帰ってきた後に飲む
2. 汗をかく前後に飲む
3. 水かお茶を飲む
4. 一度に大量に飲まない

上手に水分をとって元気に過ごそう！

P119_02

覚えておきたい 食物アレルギー

たまご　小麦　牛乳　ピーナッツ　そば

はじめて与えるときの注意点
・体調の良いときを選ぶ
・1さじずつ与える
・反応が出たら、ようすを見て受診する

P119_03

テンプレート ＊おたより①横

第6章 素材集

テンプレート●おたより①横

○○○○○園　平成○年○月発行

実りの秋、食欲の秋です。一年中で一番食べ物のおいしい季節です。子どもの頃から食べ物の旬を知り、旬の恵みを味わうことは、豊かな感性や味覚形成にとても重要なことです。毎日の食卓に旬の食材をとり入れ、話題も豊かな楽しい時間を過ごしたいですね。

目に良い食べ物は？

10月10日は目の愛護デー。目の健康のために良い食べ物を食事にとり入れて、目を大切に！　目に良いビタミンのほか、魚に含まれるDHAやブルーベリーのアントシアニンも目の健康に効果的です。

- ビタミンA　目の乾燥を防ぎ、働きを良くする（緑黄色野菜・レバー・バター）
- ビタミンB1　目の神経の働きを正常にする（レバー・豚肉・ウナギ・麦）
- ビタミンC　目の充血を防ぐ（緑黄色野菜・果物・サツマイモ）

遠足時のお弁当の工夫

○月○日（△）は子どもたちが楽しみにしている遠足。みんなで食べるお弁当は、栄養バランスや彩りはもちろん、食べやすさにも工夫してあげたいですね。

- レジャーシートやベンチで食べることを考え、おにぎりやサンドイッチなど食べやすいものを！
- 野菜、肉（ハンバーグ）、魚などは一口大に。ピックで刺して食べやすく！
- おかずはなるべく形をまとめる工夫を。チーズをかけて焼く、卵やひき肉に混ぜて焼く、ゆでつぶしたジャガイモやカボチャでまとめるなど。

クッキング大成功！

○月○日に行われた年長児のピザ作り。「おいしくなーれ」の気持ちをこめて、力いっぱい生地をこねる子どもたちの姿が印象的でした。収穫した野菜も加えて思い思いの具材をトッピング。チーズをたっぷりかけて、焼き上がりを待つこと数十分…。自分たちで作ったピザはおいしさも格別！みんなの笑顔があふれていました。

離乳食とアレルギー

食物アレルギーは、検査で数値が高くてもその食べ物を食べて症状が出なければ、食べ続けても大丈夫であると考えられ始めています。けれども、離乳食については医師と相談しながら進めることが重要です。そして、なるべく米や野菜といった日本人の体質に合った食品を使用し、子どもの成長の段階に応じた調理法を心がけましょう。成長するにつれて自然と治ることも多いので、それまでは代替食を用意するなど、栄養不足にならないように気をつけましょう。

おやつのススメ

おやつは食事でとれない栄養を補うためのものです。お菓子ばかりのおやつが習慣にならないように、果物や乳製品を組み合わせたり、手作りを心がけましょう。

おやつの例
- 米………おじや、チーズおにぎりなど
- パン……サンドイッチ、ラスクなど
- 麺………焼きうどん、五目うどんなど
- イモ……蒸かしイモ、ジャガイモのお焼きなど
- 小麦粉…ホットケーキ、蒸しパンなど

Let's Cooking

今月のおすすめレシピ
サンマの甘から煮

●作り方
1. ショウガは洗って、細切りにする。
2. 鍋にサンマを皮を上にして並べる。
3. 2に調味料と1を入れ、サンマがかぶるくらいまで水を足す。
4. 落としぶたをして、強火にかけ、ぐつぐつ沸騰してきたら中火にする。
5. 煮汁が少なくなり、全体にからまったらできあがり。

●調理ポイント
煮ているときは、ときどき鍋底をゆするようにします。

●材料
（大人2人分、子ども2人分）
- サンマ（3枚おろし）…3尾
- ショウガ…少々
- 酒…小さじ1
- 三温糖…大さじ1
- しょうゆ…小さじ2
- みりん…大さじ1

B4サイズ
P120_01
P120_01

テンプレート * おたより② 縦

〇〇〇〇〇園　〇月の食育だより

冷たいスイカのおいしい季節となりました。夏は、楽しいイベントがたくさんありますね。山や海に出かけたり、花火を見たり、盆踊りを踊ったり、お盆を故郷で迎えたり…と家族で過ごす機会も多いことでしょう。夏ならではの思い出をたくさん作りましょう。

クッキングのお知らせ

栽培、収穫した野菜を使ってカレー作りに挑戦します。年中児と年少児も、トウモロコシの皮むきを手伝います。三角巾、エプロンのご持参をお願いします。

日程：〇月〇日（△）
※詳細は別紙プリントをご確認ください。

旬の食材を大切にします

よりおいしい給食を作るため、旬の食材を積極的に使用しています。特に野菜や果物、魚介類は旬のものほど味が良く、その時期に人間が必要な栄養素をたっぷり含んでいます。また、よく市場に出回るため、新鮮で値段も安価です。調理法に工夫をこらしていますが、同じ食材の献立が続くこともあります。ご理解のうえ、ご了承ください。

基本の調味料

「さ・し・す・せ・そ」は、料理に入れる調味料の種類と順番を表します。それぞれの個性と風味を生かすだけで、料理がいっそうおいしくなります。

- さ 砂糖…ほかの調味料より素材にしみこみにくいので先に入れる
- し 塩……少量で味が変化するので加減して入れる
- す 酢……酢の物は塩でもんで野菜の水分を出してから酢を使う
- せそ 醤油と味噌…風味が飛んでしまうので、後から入れる

咀しゃくの大切さ

食事をするときに「噛む」ことをどれだけ意識していますか？　噛むことは食べ物を噛みくだくだけでなく、身体にうれしいことがいっぱいです。

① 肥満予防
② 集中力・記憶力アップ
③ むし歯予防
④ 食べ物の消化・吸収アップ

食事の時間が短かったり、せかしたりすると、どうしても噛まずに飲み込んでしまいます。食事時間は30分程度とり、「カミカミだよ」「よく噛んで食べるとおいしくなるよ」などと声かけをしながら、よく噛む習慣をつけましょう。

A4サイズ
P122_01
P122_01

テンプレート * おたより③ 縦

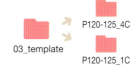

もぐもぐだより
○○○○○園　○月の食育だより

子どもの歯が生えそろうのはおおよそ2歳くらいです。園の食事は3歳以上の幼児と同じ献立ですが、乳児用は手指の機能に合わせた食器具にし、食材の形状もスプーンにのる大きさ、歯茎でもつぶせる硬さなど、年齢・月齢の咀しゃく力に合った食事を提供しています。

水分補給のポイント

子どもは大人よりも身体の水分量の割合が多いため、脱水症状を起こしやすいです。運動後、入浴後、汗をかく前後、子どもが欲しがるときが水分補給のタイミング。特に汗をたくさんかく季節は、こまめに水分を与えるよう心がけましょう。飲ませるものは、麦茶、湯冷まし、母乳、ミルクが良いです（生後3か月くらいまでは母乳、ミルクで十分）。脱水が疑われる場合は、乳幼児用のイオン飲料を上手に使いましょう。

 お願い

＊古くなったエプロンは新しい物に交換をお願いいたします。また、持ち帰るエプロンや汚れ物を入れるビニール袋は、毎日きれいな袋を準備してください。

＊手についた殺菌が口から体内に入らないよう、食事の前には必ず手を洗いましょう。また、食後には「いっぱい食べたね」などとことばをかけながら、手や口元を拭くようにしましょう。

◆離乳食試食会のお知らせ◆
日時：○月○日（△）○時〜○時
※詳細は別紙プリントをご覧ください。

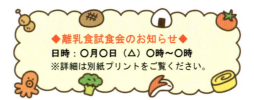

好き嫌いへの対応

離乳食も9〜11か月頃になると、赤ちゃんにも食べ物の好みが出てきます。特に、はじめて口にするものや食べ慣れていないものは、なかなか食べてくれません。食べないからといって与えるのをあきらめるのではなく、調理法を変えたり、味つけを変えたりして、少しずつ与えてみると良いでしょう。ただし、どうしても食べない場合は空腹ではない場合も。だらだら続けるのではなく、20分ぐらいで切り上げるようにしましょう。

A4サイズ
P123_01
P123_01

テンプレート ＊献立表①週間

03_template → P120-125_4C / P120-125_1C

第6章 素材集

テンプレート●献立表①週間

4月の献立

平成〇年〇月〇日発行
〇〇〇〇〇園

月曜日	火曜日	水曜日	木曜日	金曜日
★1日 カレーライス、サラダ 材料…米、豚肉、タマネギ、ニンジン、ジャガイモ、カレールウ、キャベツ、コーン、シーチキン、酢、砂糖				

楽しくておいしい給食
子どもたちが元気に健康に大きくなることを願って給食をしています。栄養価を満たすことはもちろんですが、身体も心も育まれるようにという願いを込めて、こだわりを持って作っています。

こだわりポイント
- 旬の食材を使う
- 添加物や農薬に気をつけて食材を選ぶ
- だしから、すべて手作りにする
- 硬さや大きさなど年齢に合った食材の形状にする

お知らせ
※〇月〇日（△）は誕生日パーティー給食になります。
※〇月〇日（△）は「お弁当会」のため、お弁当持参になります。
※行事や食材の都合により献立を変更する場合がございます。ご了承ください。

旬のタケノコ
春は芽吹きの季節、タケノコもあたたかさとともに土から頭を出します。水煮は年間を通して出回っていますが、香りや味は生から調理したものにはかないません。ゆでたり、炒めたりして、この時期だけのおいしさを味わいましょう。ゆでた後に節の間などに白く固まっているのはチロシンというものです。水に溶けにくいために浮き出てきますが、体に悪いものではなく、必須アミノ酸の一種なので安心して食べられます。

おすすめレシピ

◆材料（大人2人分、子ども2人分）
- サケ（切身）…50g×4切
- 塩…少々
- 酒…小さじ2
- 卵黄…1個
- マヨネーズ…大さじ2
- 三温糖…小さじ2
- パセリ…1枝

サケのナノハナ焼き

◆作り方
1. サケは塩と酒を振り、下味をつけてホイルケースに入れる。
2. 卵黄、マヨネーズ、三温糖を合わせてよく混ぜ、①のサケの切身の上にのせる。
3. オーブントースターで約15～20分焼き（うっすらと焦げ色がつく程度）、焼き上がったらみじん切りパセリを散らす。

◆調理ポイント
サケは、骨や皮をとり除いて食べやすいように下処理します。

P124_01 P124_01
B4サイズ

テンプレート ＊献立表②月間

B4サイズ

P125_01
P125_01

イラストカット ✱ 食事イメージ①

P126_01　P126_01

P126_02　P126_02

P126_03　P126_03

P126_04　P126_04

P126_05　P126_05

P126_06　P126_06

P126_07　P126_07

P126_08　P126_08

P126_09　P126_09

P126_10　P126_10

P126_11　P126_11

P126_12　P126_12

イラストカット ✲ 食事イメージ②

P127_01　P127_01

P127_02　P127_02

P127_03　P127_03

P127_04　P127_04

P127_05　P127_05

P127_06　P127_06

P127_07　P127_07

P127_08　P127_08

P127_09　P127_09

P127_10　P127_10

P127_11　P127_11

P127_12　P127_12

イラストカット ✻ 食事イメージ❸

04_illust → 01_shokuji → P126-128_4C / P126-128_1C

第6章 素材集 イラストカット●食事イメージ③

P128_01　P128_01

P128_02　P128_02

P128_03　P128_03

P128_04　P128_04

P128_05　P128_05

P128_06　P128_06

P128_07　P128_07

P128_08　P128_08

P128_09　P128_09

P128_10　P128_10

P128_11　P128_11

P128_12　P128_12

イラストカット ＊マナー・衛生

04_illust → 03_manner → P130_4C / P130_1C

第6章 素材集 イラストカット●マナー・衛生

P130_01　P130_01

P130_02　P130_02

P130_03　P130_03

P130_04　P130_04

P130_05　P130_05

P130_06　P130_06

P130_07　P130_07

P130_08　P130_08

P130_09　P130_09

P130_10　P130_10

P130_11　P130_11

P130_12　P130_12

イラストカット ＊ 食材❶ 野菜・果物

P131-133_4C
P131-133_1C

第6章 素材集

イラストカット●食材①野菜・果物

イラストカット 食材❸ 魚・肉・加工品

イラストカット ＊料理・おやつ

 →
04_illust　05_ryouri　P134_4C / P134_1C

第6章 素材集

イラストカット ● 料理・おやつ

P134_01　P134_01

P134_02　P134_02

P134_03　P134_03

P134_04　P134_04

P134_05　P134_05

P134_06　P134_06

P134_07　P134_07

P134_08　P134_08

P134_09　P134_09

P134_10　P134_10

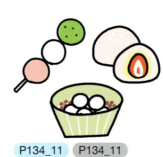
P134_11　P134_11

P134_12　P134_12

P134_13　P134_13

P134_14　P134_14

P134_15　P134_15

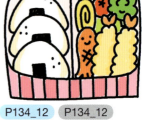
P134_16　P134_16

P134_17　P134_17

P134_18　P134_18

P134_19　P134_19

P134_20　P134_20

イラストカット ＊行事イメージ

04_illust → 06_gyouji → P135_4C / P135_1C

P135_01　P135_01

P135_02　P135_02

P135_03　P135_03

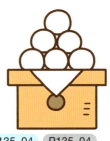
P135_04　P135_04

P135_05　P135_05

P135_06　P135_06

P135_07　P135_07

P135_08　P135_08

P135_09　P135_09

P135_10　P135_10

P135_11　P135_11

P135_12　P135_12

P135_13　P135_13

P135_14　P135_14

P135_15　P135_15

P135_16　P135_16

P135_17　P135_17

P135_18　P135_18

第6章 素材集

イラストカット●行事イメージ

イラストカット ✳ クッキング保育

04_illust → 07_cooking → P136_4C / P136_1C

第6章 素材集

イラストカット●クッキング保育

P136_01　P136_01

P136_02　P136_02

P136_03　P136_03

P136_04　P136_04

P136_05　P136_05

P136_06　P136_06

P136_07　P136_07

P136_08　P136_08

P136_09　P136_09

P136_10　P136_10

P136_11　P136_11

P136_12　P136_12

イラストカット　＊栽培・その他

P137_01　P137_01

P137_02　P137_02

P137_03　P137_03

P137_04　P137_04

P137_05　P137_05

P137_06　P137_06

P137_07　P137_07

P137_08　P137_08

P137_09　P137_09

P137_10　P137_10

P137_11　P137_11

P137_12　P137_12

137

イラストカット ＊ 0・1・2歳児 ①

第6章 素材集

P138_01　P138_01　　P138_02　P138_02　　P138_03　P138_03　　P138_04　P138_04

P138_05　P138_05　　P138_06　P138_06　　P138_07　P138_07　　P138_08　P138_08

P138_09　P138_09　　　　　　　　　　　P138_10　P138_10

P138_11　P138_11　　　　　　　　　　　P138_12　P138_12

イラストカット ＊ 0・1・2歳児 ❷

P139_01　P139_01

6か月 ペースト状
P139_02　P139_02

9か月 角切り
P139_03　P139_03

ミルクの温度を確認
P139_04　P139_04

ミルクを冷ます
P139_05　P139_05

ミルクを冷ます
P139_06　P139_06

MILK
P139_07　P139_07

P139_08　P139_08

70度以上
P139_09　P139_09

P139_10　P139_10

授乳後 ゲップを出させる
P139_11　P139_11

P139_12　P139_12

イラストカット ＊ 0・1・2歳児 ③

第6章 素材集

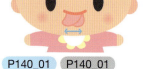
P140_01　P140_01

P140_02　P140_02

P140_03　P140_03

P140_04　P140_04

P140_05　P140_05

P140_06　P140_06

P140_07　P140_07

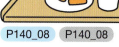
P140_08　P140_08

P140_09　P140_09

P140_10　P140_10

P140_11　P140_11

P140_12　P140_12

P140_13　P140_13

P140_14　P140_14

P140_15　P140_15

P140_16　P140_16

P140_17　P140_17

P140_18　P140_18

イラストカット ✱ 季節イメージ

04_illust → 10_kisetsu → P141_4C / P141_1C

P141_01　P141_01

P141_02　P141_02

P141_03　P141_03

P141_04　P141_04

P141_05　P141_05

P141_06　P141_06

P141_07　P141_07

P141_08　P141_08

P141_09　P141_09

P141_10　P141_10

P141_11　P141_11

P141_12　P141_12

P141_13　P141_13

P141_14　P141_14

P141_15　P141_15

P141_16　P141_16

P141_17　P141_17

P141_18　P141_18

P141_19　P141_19

P141_20　P141_20

第6章　素材集　イラストカット●季節イメージ

イラストカット ✱ 飾り文字❶

P142_01　P142_01

P142_02　P142_02

P142_03　P142_03

P142_04　P142_04

P142_05　P142_05

P142_06　P142_06

P142_07　P142_07

P142_08　P142_08

P142_09　P142_09

P142_10　P142_10

P142_11　P142_11

P142_12　P142_12

イラストカット ＊飾り文字❷

04_illust → 11_kazari → P142-143_4C / P142-143_1C

P143_01　P143_01

P143_02　P143_02

P143_03　P143_03

P143_04　P143_04

P143_05　P143_05

P143_06　P143_06

P143_07　P143_07

P143_08　P143_08

P143_09　P143_09

P143_10　P143_10

P143_11　P143_11

P143_12　P143_12

P143_13　P143_13

P143_14　P143_14

P143_15　P143_15

第6章　素材集　イラストカット●飾り文字❷

イラストカット ＊飾り枠

第6章 素材集 イラストカット●飾り枠

イラストカット ✱ 飾り罫

月別文例 ✱ 4月

楽しくておいしい給食に

子どもたちが元気に健康に大きくなることを願って給食作りをしています。栄養価を満たすことはもちろんですが、身体も心も育まれるようにという願いを込めて、こだわりを持って作っています。

こだわりポイント
1. 旬の食材を使う
2. 添加物や農薬に気をつけて食材を選ぶ
3. だしから、すべて手作りにする
4. 硬さや大きさなど年齢に合った食材の形状にする

お弁当が始まります！

いよいよお弁当作りがスタートです。毎日のことですから、あまり気負わず楽しみながら作りましょう。つめる量はやや控えめにして食べきれるくらいの量にします。ごはん、主菜、副菜の割合を同じくらいにすると、栄養的にもバランスが良くなります。

食中毒を予防するポイント
- 炊きたてのごはんを少し冷ましてつめる
- おかずには十分に火を通す
- よく冷ましてからふたをする
- 味は少し濃いめにする

食事で花粉症の症状を抑える!?

最近は、子どもにも花粉症が目立ちます。免疫機能の乱れからくるアレルギーの症状ですが、その乱れを食事によって身体の内面から抑えることができるといわれています。

- ビタミン、ミネラル、ポリフェノールを多く含む野菜類をたっぷり食べる
- 症状を抑えるDHAやEPAを多く含む青魚を積極的に食べる
- 症状を誘発する甘い物や肉類はほどほどに
- 規則正しい食生活で身体にストレスをためない

旬のタケノコ

春は芽吹きの季節。タケノコもあたたかさとともに土から頭を出します。水煮は年間を通して出回っていますが、香りや味は生から調理したものにはかないません。ゆでたり、炒めたりして、この時期だけのおいしさを味わいましょう。ゆでた後に節の間などに白く固まっているのはチロシンというものです。水に溶けにくいために浮き出てきますが、体に悪いものではなく、必須アミノ酸の一種なので安心して食べられます。

月別文例 ✱5月

夏の収穫をお楽しみに！

夏野菜の苗をみんなで植えました。ナス、ピーマン、トマトなど、給食では苦手で食べられない野菜も、園で育てて実ったものをその場で調理して食べれば、おいしさに感動すること間違いなしです。これから日照量が増え、気温も上昇するにつれ、ぐんぐん茎が伸び、花が咲いて実をつけていきます。子どもたちは毎日ワクワクしながら見守り、収穫を楽しみに待っています。飛んでくる蝶や、葉を食べる青虫も、子どもには魅力的な生き物です。

ソラマメおいしいね

これから初夏に向けてのみ出回る旬のソラマメ。さやむきのお手伝いをしてもらいました。絵本『ソラマメくんのベッド』を読んだ後にさやむきスタート。さやから豆を取り出すのに格闘する子どもたち。割ってみるとさやの中は「くものようにふわふわでわたのようにやわらか」で、感動モノです。かき揚げとなって、みんなのお腹におさまったソラマメ。少しくせはありますが、亜鉛とビタミンB2に富んだ5月の味覚です。

ちまきと柏餅

5月5日はこどもの日で「端午の節句」。もともと中国から伝わった五節句の一つで、ちまきや柏餅を食べます。ちまきは中国の聖人「屈原（くつげん）」の忌日が5月5日にあたり、とむらうためにお米を笹で巻いて蒸したものを供えたのが始まりといわれています。柏は、新芽が出るまで葉が落ちないことから、後継者が絶えない縁起の良い木であり、また葉の強い香りが邪気を払うとされ、餅を柏の葉に巻いて食べる風習が生まれたといわれています。

身体が目覚める春野菜

寒い冬に耐え、あたたかな春に芽吹く春野菜は、冬眠状態の身体を目覚めさせるエネルギーを与えてくれます。冬の間にたまった老廃物を排出し、新陳代謝を促す「春の気」もたっぷり。タケノコ、フキ、ナノハナ、セリ、ウドなどは、えぐみやほろ苦さがありますが、これは解毒を促す成分です。身体がだるい、たくさん寝ても眠いといった症状は冬から春への環境の変化に身体が追いついていないから。旬の野菜を食べて元気に春を迎えましょう。

月別文例 ✱ 6月

第6章 素材集
月別文例●6月

サツマイモの植えつけ

秋の味覚の代名詞サツマイモは、この時期に植えつけます。畑を耕すのも子どもたちの仕事。シャベルで土を掘り起こし、ふかふかのうねを作ります。そこに間隔をあけて苗を植えますが、葉が土の中に隠れないように注意して茎だけを埋めます。根のない貧弱な茎ですが、しだいに根が張って茎が伸び、葉が茂ります。そしてお日様と土に栄養をもらっておいしいサツマイモができる秋を待ちます。どんな料理になって給食に出るかはお楽しみに。

夏野菜を食べよう

夏野菜は水分を多く含み、体温を下げる働きがあります。汗をかいて失われるミネラルやビタミン類も豊富で、だるさや疲れをとってくれます。生食や簡単な調理法でおいしく食べられますから、なるべく毎日食べましょう。

- トマト…赤い色に含まれるリコピンは、老化防止やガン予防に有効
- キュウリ…身体にこもった熱を取り除く作用や、アルコールの代謝を促す
- ナス… ビタミン、ミネラル、食物繊維がバランスよく含まれ、生体調節機能に優れる
- オクラ…独特のぬめりは整腸作用やコレステロール低下作用があり、体力増強に有効

おいしく食べるためのむし歯予防

口は食べ物を砕いて唾液と混ぜ、胃に送りこむ一番目の消化器官です。むし歯になるとおいしくものを食べられず、消化にも影響します。むし歯菌が食べかすから酸を作り、歯を溶かして起こるため、食事に大きく関係します。

むし歯を作らない食べ方

- おやつのお菓子などをだらだら食べず、時間を決めて食べる
- 適度に硬く食物繊維の多い根菜類や昆布などをよく噛んで食べる
- 規則正しい食生活をする
- 清涼飲料水など、糖分の多い飲み物を常用しない

身体に大切なカルシウム

骨や歯の成分であるカルシウムは、99％が骨や歯を作っています。残りの1％は、健康を保つ成分として身体のいたるところに分布しています。例えば、❶唾液に含まれるカルシウムはリンといっしょに歯の表面に付着し、歯を修復する、❷神経の伝達を助ける、❸筋肉を収縮する、❹心臓の鼓動を一定に保つ、❺止血する、など命に関わる重要な働きがあります。血中のカルシウムが不足すると骨から補われ、高齢になると骨粗しょう症になる恐れも…。子どものときから積極的にとりましょう。

月別文例 ☀ 7月

夏野菜の収穫体験

夏野菜には、キュウリ、ナス、トマト、ピーマンなどたくさんの種類があります。夏バテ防止に役立つ野菜が多いのも特徴です。夏野菜は栽培期間が短く、庭やプランターなどでも手軽に作れます。自分たちで苗を植え、毎日水をあげて育てた野菜の味は格別なおいしさです。

土用の丑の日「ウナギ」

土用（どよう）の丑（うし）の日には「暑い時期を乗りこえる！」という意味でウナギを食べる習慣があります。ウナギには、ビタミンAやビタミンB群が豊富に含まれているので、スタミナをつけることによる夏バテ防止効果だけでなく、のどや鼻の粘膜を健康に保つ働きがあります。なかなか治りにくい夏風邪の予防にもなります。

冷たい飲み物のとり過ぎに注意

夏には冷たい飲み物をつい飲んでしまいがち。熱中症予防には大切なことですが、冷たい飲み物のとり過ぎには注意が必要です。清涼飲料には、砂糖が多く含まれているため、疲労感が増し、食欲も低下します。子どもには少し冷やした麦茶やほうじ茶、水分の多い果物・スイカなどを与え、冷やし過ぎには注意しましょう。

お弁当作りで注意するポイント

① ごはんは、酢や梅干しを入れて炊く
② 水分が多いといたみやすくなるため、汁けの多いおかずはキッチンペーパーでふきとる
③ つめるときは、食材を直接手で触らない
④ お弁当箱は、熱湯消毒やアルコールスプレー、酢で拭く
⑤ 抗菌シートを使う
⑥ 冷ました食品をつめる（冷めにくい場合は保冷袋や大きめの保冷剤を入れる）

ゴーヤで涼しくおいしく

近頃は、ゴーヤやキュウリの苗を植えて育て、緑のカーテンとして涼を楽しむご家庭が増えているようです。緑のカーテンの合間から顔を出すゴーヤは、イボイボとした感触に特徴があります。苦味の強い野菜ですが、薄く切って、塩もみをしてゆで、豆腐や卵と炒めてゴーヤチャンプルーにすると、苦味が和らぎとてもおいしく食べられます。

月別文例 ✲ 8月

第6章 素材集 / 月別文例 ●8月

トウモロコシの皮むき

子どもたちの大好きなトウモロコシ。黄色い粒は、見たことも食べたこともありますが、実の数だけある長いヒゲ、それらを包む緑の皮までついた丸ごと一本のトウモロコシを見たことがない子も多くいるでしょう。さあ、皮むきにチャレンジです！ 思った以上に力のいる作業なので、始めるきっかけは大人が作ってあげましょう。自分でむいたトウモロコシの味は格別のおいしさ。ご家庭でも楽しんで味わってみてください。

お盆の精進料理

「精進」という言葉は、宗教的な意味で身を清める修行に励むことをいいます。精進料理は、肉や魚（動物性たんぱく質）を使わず、穀類・豆腐・野菜などの食材だけで素材の味を生かした料理をいいます。ビタミン・ミネラル・食物繊維など、ふだんは不足しがちな栄養が多く含まれ、生活習慣病の予防にも役立ちます。お盆は、先祖や亡くなられた人たちの霊をまつる行事ですが、その内容は地方の風習や宗派によってさまざまです。

水分補給で熱中症予防を

熱中症は、夏の強い陽ざしの下での激しい運動や作業中だけでなく、室内で起こることもあります。この時期は、汗をかくことを意識して水分をとるように心がけましょう。のどの渇きを感じなくても、こまめな水分補給が重要です。すぐに飲めるようにつねにそばに置いておくのも良いですね。また、扇風機やエアコンで室内温度を管理するなど、環境への注意も大切です。食事には、汁物や水分の多い野菜・果物を積極的にとり入れましょう。

夏バテ予防の食事

暑い日が続くと、体調を崩して夏バテを起こしやすくなります。食事を通じて夏バテ予防を行いましょう。

夏バテ知らずの丈夫な身体を作る栄養素
- たんぱく質（卵・肉・魚・大豆・牛乳）
- ビタミンC（野菜・果物）
- ビタミンB₁（豚肉・レバー・枝豆・豆腐）
- ミネラル（海藻・乳製品・レバー・夏野菜）

落ちた食欲を取り戻す味つけ
- カレー粉➡さまざまなスパイスで食欲増進
- ショウガ➡少し加えるだけで独特の風味に
- 酢やレモンなどのクエン酸➡後味がさっぱりして食べやすくなる

月別文例 ★ 9月

絵本を通じて食育を

読書の秋、子どもたちに絵本と食べ物との出会いを体験させてみては？　絵本に出てくる食べ物のイメージは、ワクワクとした気持ちとともに食への関心を高めます。「食」は、生きることの基本です。絵本の世界から、実際の食べ物を見て料理を味わうことで、子どもの心の中に深く「食」が刻まれていくことでしょう。絵本を通じて食べる楽しさや作るおもしろさ、好き嫌いの克服や食事のマナーなど、「食の世界」を広げていってあげたいものです。

中秋の名月「お月見」

中秋の名月を「十五夜」ともいいます。十五夜は、秋の美しい月を見ながら収穫に感謝する日といわれ、十五夜には、15個のお団子をお供えします。お月見に欠かせないお団子は、白玉粉や上新粉で作ります。白玉粉で作るときは、豆腐を入れるとなめらかになり、子どもたちも食べやすくなります。お月様の見えるところにお団子と、秋に収穫される果物やススキを供えて、感謝と祈りを捧げましょう。

柿を食べると医者いらず！？

秋の果物の代表のひとつである柿。「柿が赤くなれば医者が青くなる」ということわざがあるように、柿にはビタミンCが豊富に含まれていて肌に良く、また免疫力を高めてくれるため、風邪の予防やストレスを緩和してくれる作用があります。ビタミンAも多く含み、粘膜を強くしてくれる作用も。そのまま食べるだけでなく、なます・サラダ・和えものにもおすすめです。スティック状に切ってあげると、子どもも食べやすくなります。

非常食の準備

9月1日は防災の日です。非常食には、水・米（アルファ米）・パン・缶づめ・ビスケット・チョコレートなどがあげられます。非常食としての備えも大切ですが、子どもが日常的に食べ慣れているお菓子なども賞味期限ごとに買い替えをしてストックしておきましょう。災害時には、子どもは環境の変化により精神的に不安定になるため、食べ慣れない非常食では心身を満たすことが難しいことも。食べ慣れたお菓子が心を癒し、命を救います。

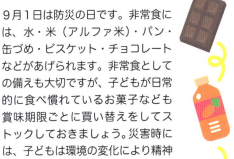

月別文例 ✲10月

第6章 素材集

月別文例 ●10月

楽しいサツマイモ掘り

みんなで掘る楽しさや、とれたうれしさなど、自分で収穫したもののおいしさは格別です。また、葉っぱやつるのようす、土に埋まっているイモ、畑の土の感触、畑にいる虫など、たくさんのことを観察して学べます。サツマイモもさまざまな大きさや形があります。掘ったサツマイモを「どうやって食べようか？」といっしょに考えるのも、楽しみのひとつです。育てる→収穫する→食べることは、子どもにとってかけがえのない体験になるでしょう。

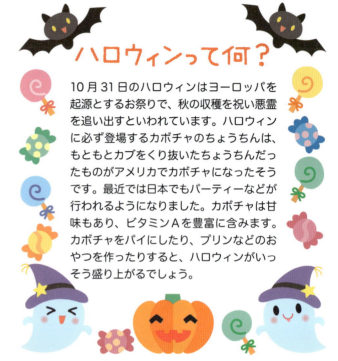

ハロウィンって何？

10月31日のハロウィンはヨーロッパを起源とするお祭りで、秋の収穫を祝い悪霊を追い出すといわれています。ハロウィンに必ず登場するカボチャのちょうちんは、もともとカブをくり抜いたちょうちんだったものがアメリカでカボチャになったそうです。最近では日本でもパーティーなどが行われるようになりました。カボチャは甘味もあり、ビタミンAを豊富に含みます。カボチャをパイにしたり、プリンなどのおやつを作ったりすると、ハロウィンがいっそう盛り上がるでしょう。

栄養素たっぷりのキノコ

秋の食材に欠かせないキノコ。食物繊維・ビタミンD・ミネラルなどを豊富に含んでおり、香りが良く、どんな料理にも合う優れものです。キノコを食べることで、便通も良くなります。また、キノコはカリウムが多いため、塩分の過剰摂取を抑制するともいわれます。

- シイタケ・マイタケ➡免疫力をサポート
- エリンギ➡食物繊維・ナイアシンが特に豊富。歯ざわり抜群！
- エノキタケ➡精神安定に効果的な天然アミノ酸のギャバが豊富

目に良い食べ物は？

10月10日は目の愛護デー。目の健康のために良い食べ物を食事にとり入れて、目を大切に！　目に良いビタミンのほか、魚に含まれるDHAやブルーベリーのアントシアニンも目の健康に効果的です。

- ビタミンA　目の乾燥を防ぎ、働きを良くする（緑黄色野菜・レバー・バター）
- ビタミンB_1　目の神経の働きを正常にする（レバー・豚肉・ウナギ・麦）
- ビタミンC　目の充血を防ぐ（緑黄色野菜・果物・サツマイモ）

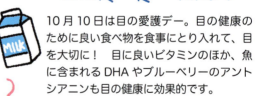

月別文例 ★11月

子どもの成長を祝う七五三

11月15日の七五三は、七歳・五歳・三歳の子どもの成長を祝う日本の年中行事です。これまで無事に成長したことを感謝し、今後も健やかであるようにお参りします。千歳飴の千歳は千年という意味で、子どもの健康と成長を願い「長く伸びる」という意味と、延命長寿を願う意味も込められています。縁起のよい紅白となっており、袋にも鶴亀や松竹梅など縁起のよい図案が描かれています。

おまたせ！新米です

新米の季節になりました。米は味が淡泊なため、和風・洋風・中華と、どんなおかずとも相性が良いです。米の品種は300種もあるそうです。人気があるのはほんの一握りの品種ですが、品種によりそれぞれ特徴があります。お気に入りの品種があるご家庭も多いのではないでしょうか。新米は水分量が多いため、炊くときは水分を減らして炊きます。新米は色の白さが目立ち、やわらかく粘りがあり、香りも豊かです。

うれしい効能たっぷりの冬野菜

冬野菜といえばダイコン・ハクサイ・ネギ・ホウレンソウ・シュンギクなど、どの野菜にも体に必要な栄養素がいっぱいです。体をあたためたり、風邪の予防や症状を和らげるなど、うれしい作用がたくさんあります。冬の野菜をたっぷり食べましょう。
- ハクサイ…淡泊でほかの材料との調和が良く、鍋にはなくてはならない野菜
- ホウレンソウ…鉄分が豊富
- ダイコン…冬に甘味を増し、消化酵素で胃腸の働きを整える

体をあたためて風邪予防

風邪のウイルスを防ぐには、免疫機能を高めること、身体をあたためることが大切です。ビタミン・ミネラルを十分にとり、バランスの良い食事をとることが風邪の予防になります。
- 身体をあたためるメニュー…鍋、おでん、うどん、雑炊、おじや、スープ・スープ煮、シチュー、グラタンなど
- 身体をあたためる食品…ネギ・ニラ・タマネギ・ショウガ・ニンニク・カボチャ・ゴボウ・ニンジン・ダイコンなど

月別文例 ✲12月

第6章 素材集

月別文例●12月

おめでたい餅料理

日本ではお祝いの席に欠かせない餅。年末の餅つきは新しい年を迎えるための準備です。年末についた餅で、新年のお供え餅を作ります。餅はあんこ・きな粉・しょうゆ・のりのほか、ピザ風やバターしょうゆなどの洋風アレンジもおいしいものです。子どもが餅を食べるときは、のどに詰まらないよう小さくして、ゆっくりよく噛んで食べるよう、必ず大人がそばにいて注意しましょう。

冬至にすること

一年で最も昼が短くなる冬至。運がつくとして「ん」のつく食べ物のカボチャ（なんきん）を食べます。昔は夏が旬のカボチャを冬まで保存し、貴重なビタミン源として冬に食べました。この日にカボチャを食べると、風邪をひかないといわれます。カボチャと小豆を煮た「いとこ煮」を食べる地方もあります。ユズ湯は、ユズの強い香りで邪気を払うとされています。ユズの成分が血行を促進し、身体をあたためて風邪を予防します。

大晦日の年越しそば

一年の最後の日「大晦日」。毎月末を晦日と呼び、一年最後の特別な日に「大」をつけて「大晦日」といいます。大晦日に縁起をかついで食べる年越しそばは江戸時代から定着したといわれており、家族や大切な人の長寿や延命を願いながら食べます。また、新しい年も細く長く過ごし、その年の災いをすべて断ち切るという意味もあると伝えられています。

今がおいしい！タラとミカン

寒い冬が旬のタラは、脂肪が少なくてヘルシーな魚。さまざまな調理法でおいしく食べられますが、おすすめは鍋物。ほかの野菜といっしょにとることでバランス良く摂取することができます。

冬になると恋しくなるのがコタツとミカン。ミカンはビタミンCがそのままとれて免疫機能を高め、風邪の予防につながります。疲労回復の効果があるクエン酸も含まれています。

月別文例 ★ 1月

春の七草

七草がゆは、さまざまな説がありますが、お正月にごちそう三昧だった胃腸をいたわり、不足した緑黄色野菜を補う、という意味があります。本来は、朝ごはんに七草がゆを食べるもの。七草がゆに入れる春の七草とは、「せり」「なずな」「ごぎょう」「はこべら」「ほとけのざ」「すずな」「すずしろ」です。最近はスーパーマーケットなどで便利な七草セットが売られていますので、気軽に試してみましょう。

P155_01　P155_01

おせち料理って？

おせち料理は今ではお正月に食べるごちそうになっていますが、本来は家族そろって一年を元気に過ごせたことを祝い、神様にお供えする料理のことでした。地方のおせち料理はそのなごりがまだ根強く、その土地でとれるごちそうをみんなで食べる風習が今でも残っています。準備を子どもに手伝ってもらったり、一品一品に願いや意味が込められていることを話したりしながら、わが家の「おせち料理」を伝えてあげてください。

P155_02　P155_02

鏡開きで健康を祈る

鏡開きとはお正月にお供えした鏡餅を、松の内が明けた1月11日にみんなで食べて健康をお祈りする行事といわれています（地方によっては日にちが異なります）。ちなみに、「開く」というのは「切る・割る」という意味です。餅を切ることは切腹のイメージがあることから「開く」の文字が使われるようになったという説があります。

P155_03　P155_03

食事で免疫力・体力UP

冬はインフルエンザなどの感染症が流行する季節。まずは体をあたためる料理で体温を上げましょう。

- **免疫力アップ**　ビタミン、ミネラルの多い食材…緑黄色野菜や果物
- **体力をつける**　発酵食品…納豆、味噌、ヨーグルトなど

P155_04　P155_04

餅の食べ方に注意！

餅は日本の伝統的な食べ物です。のどに詰まらせるので危ないといって出さないのではなく、食べ方や与え方に注意しておいしく食べましょう。

子どもに与えるときの注意点
❶小さめにちぎる　❷きな粉などをまぶして食べやすくする　❸切れ込みを入れて焼く　❹口に入れさせすぎない　❺食べているときに目を離さない

P155_05　P155_05

月別文例 ＊2月

福を呼ぶ豆まき

節分の豆まきは、季節の変わり目に起きやすい体調不良（邪気＝鬼）を払い、福を呼び込むために行います。そして、鬼をやっつけるために使われるのが、大きな豆＝「大豆」です。ちなみに大豆は、生でまくと芽が出て縁起が悪いとされているため、必ず煎った豆を使います。地域により殻つきの落花生で豆まきをするところもあります。鬼役になったり、豆を投げる役になったり、「鬼は外、福は内」と声を出しながら楽しんでください。

チョコレートの話

チョコレートの成分は「カカオ」です。カカオにはポリフェノールやリラックス効果の高い栄養素がたくさん入っています。ちょっと疲れたときに食べるのにおすすめです。しかし、カフェインが入っているので、3歳以上になってから与えましょう。また、脂肪や糖分が多いので、食事に影響が出て食欲減退につながりやすくなります。与えるときは量を決めて、食べた後は歯みがきやうがいをするように約束してから与えましょう。

春の訪れを告げるフキノトウ

春先になるとひょっこり芽を出すフキノトウ。子どもたちがいち早く見つけて報告に来てくれます。フキノトウは「フキ味噌」や「天ぷら」でよく食べられますが、ほろ苦く子どもたちはあまり好きではないようです。しかし、春の訪れを知らせてくれるフキノトウを、給食では「春の食べ物」として子どもたちに伝えたいと思っています。大きくなったときに春の思い出のひとつに残るよう、ぜひご家庭でも食卓に登場させてほしい食材です。

味噌は万能調味料

2月は味噌を仕込むのに適した季節です。秋に収穫した大豆を乾燥させて保存し、寒い時期に柔らかく煮て麹（こうじ）と混ぜて味噌を仕込みます。味噌は仕込む大豆や麹の種類、季節の温度など、さまざまな要素で味が違ってできます。麹は主に「米麹」「麦麹」「豆麹」と3種類あり、地方によってこの麹を使い分け、味噌を仕込みます。昔から味噌は調味料でありながら、貴重なたんぱく源でした。家庭の味噌汁は、朝ごはんに、とても適したものなのです。

月別文例 ★3月

お別れ給食について

園では、年長さんのリクエストを中心とした「お別れ給食」が始まります。今まで食べた給食の中で思い出に残った献立や、子どもたちが好きな献立をパーティー形式でいただきます。今年はどんな献立が選ばれるでしょう？　給食室でも一年間の腕の見せどころ！とばかりに、おいしく楽しく食べられるよう張り切って給食作りや演出に励みます。ご家庭でも楽しく話題にしていただけたら、うれしく思います。

ハマグリのお吸い物

ひなまつりに食べる「ハマグリのお吸い物」。ハマグリは2枚で一対となっており、ほかの貝殻とは模様や形が一致しません。昔、女の子がお嫁に行くときにはハマグリのようにいつまでも夫婦仲良くという意味合いで、花嫁道具のひとつとして持たせていました。女の子の幸せを願って食べるようになったハマグリ。ハマグリはアサリやシジミよりもうまみ成分が多いので、塩や薄口しょうゆだけを使ったお吸い物にすると、味が生きてきます。

ナノハナを食べて春を感じよう

ナノハナは春に出回る食材のひとつで、園でも春に登場します。ナノハナはビタミン類や食物繊維が多いので、風邪予防や便秘予防に効果があります。大人にはほろ苦さが人気ですが、子どもたちには苦みが嫌で食べにくいようなので、マヨネーズで和えたり、肉といっしょに炒めたりすると食べやすくなります。黄色の花が可愛らしいナノハナ、目で楽しむのはもちろん、「春」の味として味わってみましょう。

一年間を振り返って

園では4月から野菜を植えて収穫したり、収穫したものを使って料理をして、みんなで食べたりしてきました。興味津々だった子どもたちも後半には自信をつけ、いろいろとできたことを自慢顔で報告してくれるようになりました。小さいクラスのお友達も毎日調理室の窓をのぞき込んでおしゃべりしていた姿から、今では少し大きくなって手を振ってお話ししてくれるようになりました。一年経ち、子どもの成長に驚かされる3月です。

母乳・ミルク

0・1・2歳児向け文例

冷凍母乳の保存方法

園では保存母乳をお預かりしています。搾乳・保存は、細菌汚染に十分に注意して行いましょう。

【保存方法】
1. 乳房、乳頭を清潔にし、衛生的な搾乳器で行う
2. 母乳パックに入れ、氏名・搾乳年月日・搾乳時間・搾乳量を正確に記入する
3. 直ちに冷凍保存する

【注意事項】
- お預かりする保存母乳は、搾乳後24時間以内のものに限ります。

母乳の与え方

母乳には、赤ちゃんに必要な栄養素がすべて含まれています。赤ちゃんが欲しがるだけ与えると、母乳の分泌が良くなり、授乳量も増えます。4時間ごとに、朝・午前・午後・夕・夜の一日5回を目安に授乳時間が決まってくると赤ちゃんの生活リズムが確立します。アレルギー予防のために、お母さんが特定の食品を控えることは医学的に予防にはならないといわれています。むしろ、バランスの良い栄養をとることが大切です。自己判断での除去はやめましょう。

ミルクの飲ませ方

- **準備**
赤ちゃんのあごにガーゼをはさみ、口の回りを拭いて清潔にします。
- **授乳**
口のところに哺乳びんを持っていくと、赤ちゃんは上手に口に含んでグッグッと力強く吸い出します。ミルクの減りに応じて哺乳びんを傾けながら、乳首のところにミルクが満ちているようにしてください。
- **飲み終わったら**
赤ちゃんをたて抱きにして、背中をこするか軽くたたき、ゲップを出してから寝かせましょう。

卒乳のタイミング

離乳の完了が近づき、一日の栄養がほぼ食事とおやつでとれるようになると、補充の母乳・ミルクを飲まなくても満足するようになります。母乳の場合は甘えて飲むことがあるので、食事に影響しない程度なら、しばらく飲ませてもかまいません。離乳食をあまり食べないからと、母乳やミルクに頼らないで食事から食の楽しさを教えていきましょう。しばらくミルクやフォローアップミルクをコップなどで一日300mlほど与えると良いでしょう。

離乳食①

0・1・2歳児向け文例

離乳食を始めよう

栄養源となる母乳（または育児用ミルク）も、5〜6か月頃になると物足りなくなってきます。以下のようなようすが見られたら、離乳食を始めましょう。

- 首がすわり、支えると座る。大人が食べていると、食べたそうなしぐさをする
- 授乳が約4時間おきになる
- 1回に飲む量が150〜200ccになる

離乳食を与えるときは

赤ちゃんのようすを見ながら、離乳食は1さじずつ与え、食事後の母乳やミルクは飲みたいだけの量を与えます。離乳食の進行に応じて、食品の種類を増やしていき、生活リズムも整えるようにしましょう。また、食事を与えながら「おいしいね」「いっぱい食べたね」などのことばかけをしたり、大人がいっしょに食事をするようすを見せて、食べる楽しさの体験を増やしていくようにします。

スプーン・フォークの選び方

● 離乳食の介助用には…
少し柄が長めで、すくうところが平らなものが良いでしょう。

● 赤ちゃんが持てるようになったら…
柄が握りやすく、すくうところが深くないものが扱いやすいです。

● 麺を食べるときは…
柄が握りやすく、麺がからめやすいフォークもあります。

好き嫌いへの対応

離乳食も9〜11か月頃になると、赤ちゃんにも食べ物の好みが出てきます。特に、はじめて口にするものや食べ慣れていないものは、なかなか食べてくれません。食べないからといって与えるのをあきらめるのではなく、調理法を変えたり、味つけを変えたりして、少しずつ与えてみると良いでしょう。ただし、どうしても食べない場合は空腹ではない場合も。だらだら続けるのではなく、20分ぐらいで切り上げるようにしましょう。

離乳食②

5〜6か月頃の離乳食（初期）

●食材
おかゆから始めて、ジャガイモ、カボチャ、ニンジン、カブ、キャベツなど、くせのない野菜を与えます。慣れてきたら、たんぱく質源として、豆腐、白身魚などを与えていきます。
新鮮なもの、旬のものを選びましょう。

●味
味つけはせずに、素材の味だけにします。

●形状
ポタージュ状からジャム状へ進めていきます。

●量
1さじから始め、ようすを見ながら量を増やしていきましょう。

●与え方
大人が抱きながら与えます。

7〜8か月頃の離乳食（中期）

●食材
食パン、うどん、鶏ささ身、ツナ缶・サケ缶、イモ類、納豆、ヨーグルト、チーズなども使えるようになります。

●味
しょうゆ、みそ、砂糖、ケチャップなどが使えますが、風味づけ程度にして、素材の味を生かした味つけにしましょう。

●形状
舌でつぶせる硬さ（豆腐の硬さ）にします。

●量
一日2回食。

●与え方
いすに座らせて、大人が食べさせます。

9〜11か月頃の離乳食（後期）

●食材
ごはんは全がゆから軟飯へ進みます。卵や植物油も使えます。果物は柔らかく煮ましょう。

●味
薄味を心がけましょう。

●形状
歯ぐきでつぶせる硬さ（バナナくらい）にします。

●量
一日3回食。母乳・ミルクは徐々に減らしていきます。

●与え方
自分で食べたい意欲をのばします。手づかみしやすい大きさやスティック状のものをメニューにとり入れましょう。コップで飲む練習も始めます。

12〜18か月頃の離乳食（完了期）

●食材
大人とほとんど同じものが食べられます。

●味
薄味を心がけましょう。

●形状
前歯が生えそろってきて、奥の歯ぐきでつぶして食べられる硬さにします。個人差があるので、歯の生え方、口の動きをよく見ましょう。

●量
朝、昼、夕、おやつの4回で栄養をとります。

●与え方
大人といっしょに食べます。手づかみが上手にできたら、スプーン・フォークを持たせます。

0・1・2歳児向け文例 ＊食べ方や悩み

咀しゃく力UPには運動も大切！

柔らかい物が増える傾向にある現代の食事。「丸飲み」や「噛めずに出してしまう」といった悩みも乳児期に多く聞かれます。食べ物を噛む力＝咀しゃく力の発達には、寝返り、はいはい、あんよなど、全身を大きく動かす運動が関係しています。離乳食が始まったら、ぜひ担当の保育者にご相談いただき、赤ちゃんの運動機能の発達を家庭と園とで確認しながら進めていきましょう。

あそび食べにはどう対応する？

食べる気がなくなり、食べ物をおもちゃにしてしまう「あそび食べ」。子どもがある程度は自分で食べたら、残りは介助しながら与えましょう。顔をそむけたり、イヤイヤをしたりしたら、ごちそうさまのサイン。早めに切り上げるようにします。

食事の量と時間

食べる量には個人差があるので、バランスよく食べていれば、食べ過ぎ、少食といった量に、あまりこだわる必要はありません。食事にかける時間は20〜30分が目安ですが、自ら食べようとする自我が目覚める時期でもあるので、「自分で食べたい」という思いも大切にしていきたいものです。

子どもが扱いやすい食器を選ぼう

あまりに大人が食べさせてしまうと、子どもが自分で食べようとしなくなります。食器も、縁が立ち上がっていてすくいやすい器や、底にすべり止めのついた器など、子どもが使いやすいものを選ぶようにし、ひとりで食べようとする意欲を育てていきましょう。

手づかみ食べについて

10か月頃になると、多くの赤ちゃんは食べ物を認識して手を出すようになります。自分から食べようとする意欲の表れです。つかんで食べやすいよう調理方法や盛りつけを工夫しましょう。

野菜は柔らかく煮る

麺類は7〜8cmくらいに切る

トーストをスティック状に切る

スープの具や麺類は、手づかみ食べ用の皿にのせる

食事と健康

0・1・2歳児向け文例

楽しく食べる環境作り

食事は落ち着いた雰囲気で、安心できる大人といっしょに、焦らずゆったりとした気持ちで進めることが大切です。大人が「食べさせる」のではなく、赤ちゃんが「自分で食べたい」と感じること。そしてそのとき口に入ったものが、適切な形・硬さ・味・温度であれば、赤ちゃんは自然と口を動かします。やさしいことばかけと、あたたかいまなざしも欠かせません。

便秘の原因とは？

原因❶
離乳食を始めたばかりの子どもに多いのが、水分不足が原因の便秘です。母乳やミルクを飲む量が減ることから起こります。

原因❷
離乳食を開始する前の赤ちゃんの腸内細菌は、ビフィズス菌がほとんどを占め、特に母乳で育つと約90％を占めるといわれています。離乳食を始めると、腸内でいろいろな細菌が増え始めて、急激に腸内細菌のバランスに変化が起きるため、便秘の原因になることもあります。

食事前後は手をきれいに！

食事前の手洗いは、「さあ、これから食事ですよ」の合図にもなり、とても大切。「おなかすいたね。おいしいごはん食べようね」とことばかけをしながら、赤ちゃんの手を洗ってあげましょう。そして食事が終わった後も、「おいしかったね。いっぱい食べたね」「きれいになったね。気持ちいいね」などとことばかけをしながら、あたたかいおしぼりで口元と手を拭いてあげましょう。

与え方にひと工夫

柔らかい物ばかりを与えたり、食べ物を細かくしすぎると、丸飲み、吸い食べのくせがついてしまいます。特に、離乳食も後期に入った1歳児から完了期を過ぎた2歳児への食事には、噛むことを意識して与え方にひと工夫してみましょう。スティック状のものを用意し、手づかみで噛み切って食べる練習をしながら、「カリコリ」「パリポリ」などの食感の違いを楽しむと良いでしょう。

0・1・2歳児向け文例 — 知っておきたいこと

おやつのススメ

おやつは食事でとれない栄養を補うためのものです。お菓子ばかりのおやつが習慣にならないように、果物や乳製品を組み合わせたり、手作りを心がけましょう。

おやつの例
- 米………おじや、チーズおにぎりなど
- パン……サンドイッチ、ラスクなど
- 麺………焼きうどん、五目うどんなど
- イモ……蒸かしイモ、ジャガイモのお焼きなど
- 小麦粉…ホットケーキ、蒸しパンなど

幼児食を始めよう

大人に食べさせてもらうことが中心の離乳食とは違い、子どもがひとりで食べる幼児食は、スプーンやフォークといった食器・食具を使う技術が身につきます。また、食べ物も形や味にさまざまな変化がつくため、食べることへの意欲をより育むことができます。離乳食の完了期を迎えたら、子どものようすを見ながら、幼児食へ移ってみてはいかがでしょう。「幼児食はまだ早いな…」と感じたら、少し前の段階にまた戻ればよいのです。

離乳食とアレルギー

5大アレルゲン

食物アレルギーは、検査で数値が高くてもその食べ物を食べて症状が出なければ、食べ続けても大丈夫であると考えられ始めています。けれども、離乳食については医師と相談しながら進めることが重要です。そして、なるべく米や野菜といった日本人の体質に合った食品を使用し、子どもの成長の段階に応じた調理法を心がけましょう。成長するにつれて自然と治ることも多いので、それまでは代替食を用意するなど、栄養不足にならないように気をつけましょう。

水分補給のポイント

子どもは大人よりも身体の水分量の割合が多いため、脱水症状を起こしやすいです。運動後、入浴後、汗をかく前後、子どもが欲しがるときが水分補給のタイミング。特に汗をたくさんかく季節は、こまめに水分を与えるよう心がけましょう。飲ませるものは、麦茶、湯冷まし、母乳、ミルクが良いです（生後3か月くらいまでは母乳、ミルクで十分）。脱水が疑われる場合は、乳幼児用のイオン飲料を上手に使いましょう。

カテゴリー別文例 ✱ 食にかかわるあそび

第6章 素材集

カテゴリー別文例●食にかかわるあそび

お店屋さんごっこ

お店屋さんごっこでは、身近なものを使って野菜やお菓子などの売り物から手作りします。お店屋さん役の年長さんがお客として小さい子たちを招いて、会話のやりとりや、品物とお金の交換など…あそびからたくさんのことを体験します。「いらっしゃい！ 今日はサンマのおいしいのがあるよ！」と威勢よくまねをする子もいました。いっしょに買い物に出かけて、本物のお店をのぞいてみてはいかがでしょうか。

おままごとから学ぶ

子どもは本物が大好きです。使わなくなったしゃもじやフライ返しといった調理器具を、砂場など外あそび用のおもちゃにすると、葉っぱや木の実を食べ物に見立ててお料理作りが始まることもあります。お部屋でも、エプロンや三角きんを身につけて、おままごと用のおもちゃの野菜を切ったり、フライパンで炒めたり…子どもは家庭での台所のようすをよ〜く観察しています。おままごとのイメージは台所に立つお母さんの姿なのですね。

身体や排泄に興味を持つ絵本

● 0・1・2歳児向け『ひとりでうんちできるかな』
作／きむらゆういち　発行／偕成社
子どもにとってトイレでうんちをするのは大変なことです。「うんちはねこさんもことりさんもするんだね」と安心感たっぷりに読み進めましょう。

● 3・4・5歳児向け『いーはとあーは』
作／やぎゅうげんいちろう　発行／福音館書店
みんなの歯を見せて。大きい歯？ 小さい歯？ どんな形？ 歯は身体と心の健康に影響する大切なもの。ダイナミックな絵を楽しみながら、みんなで「いーは」を目指しましょう。

食材や料理に関心を持つ絵本

● 0・1・2歳児向け『やさいさん』
作／tupera tupera　発行／学研教育出版
「やさいさん やさいさん だぁれ」のことばのあとに「すっぽーん」と、びっくりするほど大きな野菜が現れる、楽しいしかけ絵本。テンポ良く、繰り返し読み聞かせましょう。

● 3・4・5歳児向け『じゃがいもポテトくん』
作／長谷川義史　発行／小学館
八百屋さんに並んだジャガイモの家族。山田さん、吉田さん…と次々に買われてしまったけど、思いがけない場所で再会します。夕飯にジャガイモをリクエストしたくなるかも!?

カテゴリー別文例 ＊食事のマナー

「命をいただく」という意味もこめられた「いただきます」のように、食事の挨拶をすることは大切です。ことばの意味がわからない赤ちゃんでも、けじめとして「食事の時間」を感じられるようになります。

食器や食具の選び方

手首の動きがしっかりしてきたら、左手にお碗を持って右手で食具を使えるようになります。子どもの手の大きさに合った、持ちやすいものを用意しましょう。落としたときに割れない素材も良いですが、割れるからこそ大切に使うことを伝えられる陶器の素材も良いですね。

料理の配膳

料理の配膳の仕方は、子どもの頃から身につけたいものです。左手にごはん茶碗を持ち、右手に箸を持つ日本人の食べ方は和食の基本です。配膳の方法も、向かって左がごはん、右に汁物、汁物の向こうに主菜、その左側（ごはんの向こう側）に副菜、真ん中に副々菜を置きます。いっしょに食べる大人が子どもに伝えたい、日本の食文化といえるでしょう。

食事の正しい姿勢って？

正しい姿勢で食事ができるように、食事環境を見直してみましょう。テーブルやイスの高さが合っていないと足をブラブラしてしまうなど、食事に集中できません。足の下に台を置くなどして、ふらつかないようにします。また、子どもの視界におもちゃなど気になるものが入らないように片づけることも大切です。

- テーブルは手のひじから下が自由に動かせる高さに
- 背中がくっつかないようにクッションなどを入れても
- イスの高さは足の裏が床にしっかりとつく位置に

はじめての箸選び

色や柄など、さまざまな種類がある箸。ポイントを踏まえながら、子どもといっしょに選んでも楽しいです。お気に入りが見つかったら、大人がお手本となって使い方を示しましょう。

❶ 素材…木製か竹製
❷ 形……四角か六角で滑りどめのついているもの
❸ 長さ…子どもの手を広げて、手首〜中指の先の長さ ＋3cm

カテゴリー別文例 ＊朝ごはん

第6章 素材集
カテゴリー別文例●朝ごはん

朝ごはんを食べよう！

朝食は一日の生活のスタートです。朝起きたときの身体はエネルギー不足で、体温も低い状態です。朝ごはんを食べることで体温が上がり、眠っていた脳や身体にスイッチが入ります。朝ごはんを食べないとぼーっとしてケガにつながったり、いらいらしたり、元気にあそぶことができません。また、1回の量があまり多く食べられない子どもにとって、朝食は大切な栄養源。お友達とたくさん活動できるように朝ごはんをしっかりと食べましょう！

P166_01　P166_01

かんたん！朝ごはん

忙しい朝に料理をするのはなかなか難しいですが、脳を動かすエネルギー源であるブドウ糖がとれるごはん食がおすすめです。朝から面倒だな…という家庭でも大丈夫。具だくさんのスープや味噌汁に、おにぎりだけでも十分です。味噌汁やスープに入れる食材は前日に切っておき、朝は火を入れて味を調えるだけにしておくと簡単です。おにぎりはラップを使って握るとお皿も手も汚れず、洗いものが少なくて済みます。

P166_02　P166_02

朝食におすすめの食材

朝食にはエネルギー源となる炭水化物のパンやごはんと、体温を上昇させてくれるたんぱく質の肉・魚・卵・大豆などをいっしょにとると、効率よく身体が動くようになります。また、不足しがちなビタミンやミネラルが豊富に含まれる野菜類や果物もおすすめです。家庭の朝食では、一日にとるべき栄養量の25～30％を目安にすると良いのです。朝食をしっかり食べて、元気に一日をスタートしましょう。

P166_03　P166_03

朝食と生活リズムの関係

朝食をしっかりと食べることで、胃腸が刺激され排便の習慣も身につくようになります。朝ごはんを食べるためには、朝ギリギリまで寝ていると食欲が出ないため、早寝・早起きが大切です。毎日、3食決まった時間に食事をとることで規則正しい生活習慣が身につき、子どもの健やかな成長と生活リズムが確立します。また、家族もいっしょに規則正しい生活を送ると、子どもたちにも自然に生活リズムが身につきます。

P166_04　P166_04

カテゴリー別文例 ＊ お弁当

バランスの良いお弁当

一日の食事の3分の1の量を目安に、主食（ごはん・パン類）：主菜（卵・肉・魚など）：副菜（野菜類）＝3：1：2くらいの割合でつめましょう。

つめるポイント
- 食べる量に合ったサイズのお弁当箱を選ぶ
- 料理が動かないように、しっかりつめる
- なるべく同じ調理法のおかずを重ねない
- 赤・緑・黄色で彩り良く！

遠足時のお弁当の工夫

子どもたちが楽しみにしている遠足。みんなで食べるお弁当は、栄養バランスや彩りはもちろん、食べやすさにも工夫してあげたいですね。
- レジャーシートやベンチで食べることを考え、おにぎりやサンドイッチなど食べやすいものを！
- 野菜、肉（ハンバーグ）、魚などは一口大に。ピックで刺して食べやすく！
- おかずはなるべく形をまとめる工夫を。チーズをかけて焼く、卵やひき肉に混ぜて焼く、ゆでつぶしたジャガイモやカボチャでまとめるなど。

食べ残しを防ぐには？

少食や偏食、好き嫌いが多い子どもには、量を少なめにしましょう。楽しく食べられることも大切です。好きなものを中心に入れるのも良いでしょう。お弁当箱を開けたときに、興味をひくようなものを入れるのもOK！ お弁当で一番気をつけなければならないのが安全性。調理法や保存状態も考えて作りましょう。

おいしいお弁当

味つけは冷めてもおいしいことがポイント。カレー味・ケチャップ味・マヨネーズ味などで、しっかり味つけをしましょう。

- ★ 形の崩れやすいものはカップに入れる
- ★ 味移りを考えて入れる
- ★ 汁けをしっかり切る
- ★ 型抜きや、のりで飾るなどのひと工夫で楽しさUP！
- ★ 食べやすく小さく切る＆串に刺す

カテゴリー別文例 ＊おやつ

おやつの選び方

おやつは、お菓子やジュースだけではありません。ごはんやパン、麺類、イモ類、果物、野菜、牛乳などを組み合わせて選びましょう。できれば手作りが安心です。子どもといっしょにラップで作るおにぎりや、パンにジャムをぬる手作りサンドイッチなどがおすすめ。でも毎日手作りは大変ですよね？例えば、おせんべい＋果物＋牛乳、ビスケット＋ヨーグルトというように、市販のお菓子にプラスしてほかの食品を組み合わせると良いでしょう。

菓子類の食べ過ぎに注意！

スナック菓子やクッキー、チョコレートなどの菓子類は、食べ過ぎると悪影響を及ぼすことがあります。

食べ過ぎによる身体への影響
- エネルギー過剰摂取による肥満
- 塩分の過剰摂取
- うま味調味料による味覚と嗜好の発達への影響

上手な与え方
- はじめにきちんと量を決める
- 袋から直接食べるのではなく皿に入れて与える

おやつの量と与える時間

おやつからとる栄養量は一日の食事量の10～15％（100～200kcal程度）です。おやつでどんなに身体に良いものを食べたとしても、一日に何回も食べたり、子どもが食べたいだけ与えてはいけません。以下のことに注意するようにしましょう。
- 一日1～2回
- なるべく昼食と夕食の中間（3時）にとる
- 食事の直前には与えない

おやつの役割って？

子どもたちはおやつの時間が大好きです。おやつは子どもにとって「楽しみ」の要素が強く、心の栄養となります。また、子どもは小さな身体に対してたくさんのエネルギーが必要です。しかし胃袋が小さく、一度にたくさん食べられないので、一日3回の食事だけでは必要なエネルギーや栄養素が摂取できません。おやつには、それを補う食事としての役割があります。子どもにとっておやつは大切な食事と考えましょう。

カテゴリー別文例 ✱ 栄養素

エネルギー量の目安

主要な栄養素のエネルギー量は、1gあたり炭水化物4kcal、たんぱく質4kcal、脂質9kcalです。脂質はほかの栄養素に比べてエネルギーが多いことがわかります。バターやマヨネーズなどはつい多く使ってしまいがちですので気をつけましょう。

主な食品のエネルギー
- ごはん（1膳）、食パン（1枚）= 150〜160kcal
- 豚肉(60g)、卵(1個)、木綿豆腐(100g) = 約75kcal
- 油（小さじ1）、バター・マヨネーズ（大さじ1）= 約80kcal

五大栄養素のはたらき

五大栄養素はバランス良くとることが大切です
- たんぱく質…身体を作る
- 脂質…効率の良いエネルギー源となる
- 炭水化物…すぐにエネルギー源となる、脳への唯一のエネルギー源
- ビタミン…身体の調子を整える
- ミネラル…骨や歯などを作る

積極的に鉄分をとろう

鉄分は血液を作るうえで必要となり、成長期には欠かせない栄養素です。鉄分が不足すると「疲れやすい」「息切れする」などの症状が現れます。鉄分は「ヘム鉄」と「非ヘム鉄」に分類できます。体内で吸収されにくい非ヘム鉄は、ビタミンCといっしょに摂取すると吸収力がアップします。ヘム鉄と非ヘム鉄とをバランスよく摂取するようにしましょう。

- ●ヘム鉄（肉、魚、レバーなど）
- ●非ヘム鉄（ホウレンソウ、小松菜、納豆など）

成長期に大切な栄養素

成長期の子どもは、多くの栄養を必要としています。特にたんぱく質は筋肉や骨、成長ホルモンの形成に、鉄分やカルシウムは血液や骨の形成に欠かせません。ラーメンや菓子パンなどの単品では、これらの栄養素が不足します。サプリメントで栄養素の補給はできますが、成長期には食品からとることが大切です。

一日に必要な栄養量の目安

3〜5歳児は一日1275kcal、1〜2歳児で925kcal（ともに男女平均）必要とされています（日本人の食事摂取基準2015より）。保育園では、昼食＋おやつで3〜5歳児は一日のうちの40％を、1〜2歳児は50％を摂取することが目安とされています。保育園の給食だけでは一日に必要な分を摂取できません。家庭で朝食や夕食をしっかり食べましょう。

カテゴリー別文例 ＊健康

「こ食」ってなに？

家族で食卓を囲み、同じものを食べて「おいしいね」と会話しながら食事をするのは、心身ともに健康に過ごすうえで大切なことです。「こ食」について考えてみましょう。

- 孤食…一人で食べる
- 個食…一人ひとり違うものを食べる
- 固食…同じものばかり食べる　など

子どもの生活習慣病

乳幼児期の食事は、生涯における食習慣形成の基礎となります。子どもでも朝食の欠食やお菓子の食べ過ぎ、運動不足や不規則な生活により、肥満などを引き起こし、ついには生活習慣病にまで発展する可能性があります。まずは、乳幼児期のうちに正しい生活リズムを身につけて、健やかな生活習慣の基礎を作るように心がけましょう。

規則正しい食事時間

家庭での食事は、決まった時間に食べていますか？ 大人は一日3回、子どもは3回の食事では必要な栄養を補えないので、プラス1回の間食を与えます。間食の量の目安は一日の必要量のおよそ15％です（200kcal前後）。食事の時間を決めて、お腹の空く生活リズムを身につけるようにしましょう。

体調不良のときの食事

子どもはよく風邪をひいたり下痢や便秘になったりします。体調不良のときはいつもの食事ではなく、症状に合わせた食事を与えるようにしましょう。

- 下痢…刺激のない消化の良いものを。下痢で水分が排出されるので、水分補給のために白湯やほうじ茶、電解質飲料などを与えましょう。
- 便秘…食物繊維の多い食事を心がけ、水分補給と運動をしましょう。
- 発熱…水分補給をしっかりとし、胃腸に負担のかからない消化の良いものを与えましょう。

咀しゃくの大切さ

食事をするときに「噛む」ことをどれだけ意識していますか？ 噛むことは食べ物を噛みくだくだけでなく、身体にうれしいことがいっぱいです。

1. 肥満予防
2. 集中力・記憶力アップ
3. むし歯予防
4. 食べ物の消化・吸収アップ

食事の時間が短かったり、せかしたりすると、どうしても噛まずに飲み込んでしまいます。食事時間は30分程度とり、「カミカミだよ」「よく噛んで食べるとおいしくなるよ」などと声かけをしながら、よく噛む習慣をつけましょう。

カテゴリー別文例 ＊食材

旬のものを食べよう！

旬とはそれぞれに一番おいしく、栄養価が高くなる時期のことをいいます。最近ではどんな食材でも一年中食べられるようになりましたが、旬の時季に食べるからこそ本来のおいしさが味わえて、四季の違いを楽しめるのです。旬の食材は、季節外れのものと比較して大きさが倍以上あるものもあり、経済的です。

P171_01　P171_01

地産地消とは？

地産地消とは、地元で生産されたものを地元で消費するという意味です。身近な食べ物の消費を増やすことは、遠くから運ばれてくる食べ物を使うよりも輸送にかかるエネルギーが節約でき、排出ガスも削減されるため環境にもやさしい取り組みです。また、生産者と消費者の結びつきが強くなり、地域の活性化にもつながります。

P171_02　P171_02

野菜嫌いを克服！

子どもは野菜嫌いが多いですね。なぜなら、子どもの味覚はとても敏感で、大人が感じるよりも苦く、酸っぱく感じるからです。しかし、子どもは慣れることにより、苦手なものを克服することができます。肉や魚といっしょに加熱調理するとうま味で渋みや苦味が減り、野菜によっては甘くなるなど、苦手な子でも食べやすくなります。ぜひ試してみましょう。

P171_03　P171_03

おかずはバランス良く食べよう

- 肉・魚・卵・大豆…体温を上げるために必要なたんぱく質源。
- 野菜・果物…食べたたんぱく質を効率よく代謝し、吸収する助けをする。
- 海藻…食物繊維やミネラルが豊富に含まれ、不足しがちな鉄分を補給する。

P171_04　P171_04

牛乳嫌い克服法

まずは砂糖やココアを加えて味を変えてみましょう。それでも飲めない場合は、シチューやグラタン、ホットケーキなどの料理に混ぜます。牛乳にはカルシウムが豊富に含まれるため、牛乳嫌いで不足しがちな場合は、代わりに小魚や小松菜などカルシウムが豊富に含まれる食品を積極的にとるよう工夫しましょう。

P171_05　P171_05

カテゴリー別文例 ＊添加物

第6章 素材集 カテゴリー別文例●添加物

なぜ加工食品を控えるの？

加工食品とは、生鮮の農産物などの原料を加工して製造された食品のことです。ちくわやさつま揚げなどの水産練り製品、ハムやソーセージなどの肉加工品、チーズなどの乳加工品、缶づめや冷凍食品もこの部類です。製造過程でほかの食品や調味料、添加物が加えられています。保存性を高めるため塩分濃度が高い場合もあります。健康に不適切なものが含まれていることもあるので、頻繁には使わないことをおすすめします。

P172_01　P172_01

食品添加物に気をつけて

食品添加物とは、加工食品を製造する際に必要な調味料、着色料、香料、保存料、安定剤、酸化防止剤、栄養強化剤などを指します。保存性を高める、混ざりやすい、固まりやすい、粘りけを持たせるなど、加工しやすくしたり、おいしそうな味や色をつけたり、かさを増やしたりするために、加工食品の製造や販売に不可欠なものです。加工食品を買うときは、どんな添加物が使われているのか表示をしっかりと確認し、選択して使用するのが望ましいのです。

P172_02　P172_02

商品の表示をチェック

- ☑ **保存料**…細菌やカビなどを繁殖させないもので、人の細胞にも何らかの影響があると考えられている。
- ☑ **着色料**…一部に毒性が認められ、海外では使用禁止になっているものもある。
- ☑ **うま味調味料**…ナトリウムと結びついた形で存在していて、気づかないうちに塩分過剰摂取になり、強いうま味に慣れて素材の味がわからなくなってしまう。
- ☑ **リン酸塩**…カルシウムの吸収を阻害し、骨の形成不全や骨粗しょう症を招く。
- ☑ **発色剤**…亜硝酸Naなど、ほかの物質と反応して発がん物質を作る。

P172_03　P172_03

食の安全を守るために

農薬汚染、放射能汚染、遺伝子組み換え、魚の重金属汚染、食品添加物、肉のホルモン剤や抗生剤投与、不正表示など、食の安全を脅かす問題が山積しています。食の安全をどうやって守っていけばよいでしょうか。

- ●生産者とつながって安全な生産過程で作られた食品を消費する
- ●その土地で作ったものをその土地で消費する（地産地消）
- ●農薬残留が疑わしい輸入食品は避ける
- ●安全な国産食材を増やすため、国内食料生産を高める

P172_04　P172_04

カテゴリー別文例 ＊調理

どうやって味覚は作られる？

子どもの味覚は身体の成長と同時に形成されていきます。薄味を基本にして、素材そのものの味を大切にしていきましょう。甘味・塩味・うま味は人間が本来好む味ですが、経験により好むようになる味が苦味・酸味です。経験のない子どもには苦手な味になりやすいのです。今は味覚が形成される重要な時期。いろいろな素材と味に慣れ、幅を広げていくことが大切です。多くの味の経験が「おいしい！」感覚を作っていきます。

P173_01　P173_01

基本の調味料

「さ・し・す・せ・そ」は、料理に入れる調味料の種類と順番を表します。それぞれの個性と風味を生かすだけで、料理がいっそうおいしくなります。

- さ 砂糖…ほかの調味料より素材にしみこみにくいので先に入れる
- し 塩……少量で味が変化するので加減して入れる
- す 酢……酢の物は塩でもんで野菜の水分を出してから酢を使う
- せそ 醤油と味噌…風味が飛んでしまうので、後から入れる

P173_02　P173_02

注目されるだし

日本食が注目されるとともに、だしも注目されています。だしがきいていることで、素材の味が生かされ、薄味でもおいしく食べられます。煮干し・昆布・かつお厚削りなどを一晩水に漬けておくだけで、簡単にだしがとれます。

- 昆布…上品で控えめな、うま味。素材の味わいを大切にする料理に
- 煮干し…こくのある、うま味の強いだし。味噌汁・煮物などにぴったり
- 花かつお…香りの良い、うま味のきいた上品なだし。素材の味を生かしたいときに
- かつお厚削り…うま味の強い濃厚なだし。麺類・煮物・濃い味つけ向き

P173_03　P173_03

親子クッキングのすすめ

親子で食事作りにチャレンジ！　手始めは、包丁を使わずにちぎるだけでできるサラダがおすすめ。ドレッシングも、油：酢：塩＝2：1：0.1を空き容器に入れて、ふたを閉め、よ〜く振って混ぜるだけで簡単に手作りできます。トッピングにゆで卵をそえたり、小さく切ったパンを焼いてクルトンにしたりすると、見た目や食感も楽しいサラダのできあがり。自分で作ると、苦手な野菜もおいしく感じられ、楽しんで食べることができます。

P173_04　P173_04

カテゴリー別文例 ＊アレルギー

主なアレルゲンについて

卵、牛乳、小麦、そば、落花生はアレルギー発症例が多く、5大アレルゲンといわれています。なかでも卵、牛乳、小麦は離乳食から使用できるので3歳頃までにアレルギーが判明することがほとんどです。

与えるときの注意点

- はじめて与える食材は、子どもの体調が良いときに一種類を1さじから与える。
- そばや落花生は、身体が成長してくる3歳以降に与える。
- 食事中や食事後に、口の回りが赤くなったり、かゆそうにしたりと、ふだんと違う反応があれば受診する。

災害時に備えて

非常食の確認を

乾パンやマフィン、カレー、炒飯などの非常食は、3大アレルゲンの卵、牛乳、小麦を使用しているものがほとんど。食物アレルギーの子どもが安心して口にできるものかを確認しましょう。米ならアレルギーを起こしにくく、赤ちゃんからお年寄りまで食べられるので、アルファ米などの用意があると良いでしょう。

名札の作成を

子どもはアレルギーの有無を知らせるのが困難です。アレルギーがあるならアレルゲンや緊急時の対応、連絡先を明記した名札・ゼッケンを用意しておき、災害時には必ず身につけましょう。

園との連携をとりましょう

園でのアレルギー対応は、医師の診断をもとに、保護者の方と職員（看護師、栄養士、保育者など）が事前に面談をして行います。❶アレルギーの内容、❷アレルギーの程度、❸給食でのアレルギー対応、❹誤食時の薬やエピペンの有無など、細かな点も確認し合いましょう。また、栄養バランスやおいしさを考えたアレルギー除去食のレシピなど、お気軽にご相談ください。

アレルギー検査は定期的に

食物アレルギーの種類や程度は一人ひとり違います。また、子どもは身長、体重とともに消化吸収機能もどんどん成長するので、短期間でも食べられるものが増えることがあります。そのため、半年〜1年間に一度はアレルギー検査をすることをおすすめします。その結果を踏まえて園での対応を相談しましょう。給食はもちろん、家庭での食生活のようすなど、こまめに確認し合い、園と二人三脚で食物アレルギーと向き合っていきましょう。

カテゴリー別文例 ＊食中毒

食中毒とは？

食中毒は細菌やウイルス、毒素が食品といっしょに体内に侵入し、腹痛、下痢、嘔吐、発熱などの症状を起こすことをいいます。乳幼児は抵抗力が弱く、重症化することもあります。食中毒の主な原因となる細菌は〝じめじめ″した梅雨や気温の高い夏に増殖しやすいので、この時期は特に注意が必要です。味、匂いに変化はなく、気づかずに食べてしまった…ということもあるので、きちんと予防し、食中毒を起こさないよう注意しましょう。

食中毒の予防法

●細菌をつけない
必ず手洗い。調理前だけでなく、生肉を触ったあとなどもこまめに！　生の肉や魚が、生で食べる野菜などに付着しないようにする。

●生鮮食品や残った食品はすぐに冷蔵庫（冷凍庫）へ
日の当たる場所や常温での保存はＮＧ。清潔な容器やラップを使って冷蔵保存。

●加熱・消毒・殺菌
ほとんどの菌が加熱すると死滅するため、必ず加熱して食べる。特に肉や魚は十分に。残った食品も再加熱する。ふきんや調理器具は、熱湯や漂白剤を使用して消毒・殺菌する。

家庭での食中毒対策

できることから見直してみましょう。
❶食品は新鮮なものを選ぶ。
❷肉や魚は汁がもれないよう、購入時に個別にビニール袋に入れ、冷蔵庫へ。
❸冷凍食品は室温での解凍は避け、電子レンジや冷蔵庫で解凍。
❹まな板と包丁は「生肉・加熱用鮮魚など加熱する食材用」と、「サラダ用野菜や調理済み食品など加熱しないで食べる食材用」の2つを用意。
❺電子レンジを使用するときは均一に加熱。
❻キッチンは整理整頓・清潔に！

給食室での食中毒対策

❶清潔な服装・マスクをつけ、しっかり手洗いをしてアルコール消毒します。
❷野菜や果物は適切に洗浄、場合により消毒します。
❸果物やそれ以上加熱しない食品、調理済みの食品には手袋を使用します。
❹食品は、加熱後、温度計で中心部の温度を測ります（75℃で1分間以上）。
❺調理器具や食器、ふきん、スポンジなどは熱湯、または次亜塩素酸ナトリウムで消毒します。
❻包丁・まな板・器具等は用途別に分けて使用します。

カテゴリー別文例 ＊保護者への連絡

第6章 素材集

カテゴリー別文例●保護者への連絡

旬の食材を大切にします

よりおいしい給食を作るため、旬の食材を積極的に使用しています。特に野菜や果物、魚介類は旬のものほど味が良く、その時期に人間が必要な栄養素をたっぷり含んでいます。また、よく市場に出回るため、新鮮で値段も安価です。調理法に工夫をこらしていますが、同じ食材の献立が続くこともあります。ご理解のうえ、ご了承ください。

だし汁はすべて手作り！

園の給食で使われるだしをご紹介します。
- 離乳食→野菜スープ、昆布
- 煮物用、すまし汁→昆布、かつおぶし
- 味噌汁→煮干し　　●洋風だし→鶏がら

手間をかけて作るだけに、自然の食材からとっただしはやさしい味です。少し物足りなく感じるかもしれませんが、食材の味を生かした料理に仕上がります。試食会などのときに、ぜひ味わってみてください。

給食作りへの思い

給食室では、子どもたちへの愛情はもちろん、子どもの口に入るものを作るという重要な役割にやりがいと責任を感じて毎日作っています。栄養バランスや安全な食材選び、薄味の心がけ、食べやすい切り方、盛りつけ、彩り…子どもたちの「おいしかったよ！」の声が何よりの励みです。

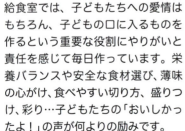

給食を通して感じる成長

今月から給食当番が汁物をよそい始めました。汁物が入った大きな鍋から、お碗によそう姿は真剣そのもの！「底にたまった具をかき混ぜながら入れるといいよ」のことばかけに、じっくりとかき混ぜて具を浮かせすくいとります。はじめは時間がかかっていましたが、クラスの人数分をよそい終わる頃には上手になっていました。子どもの技術習得は早いものです。自信に満ちた顔は「なんでも食べるぞ！」と言っているかのようです。

給食室に声をかけてください！

毎日の食事作り、メニューを考えるだけでも大変ですよね。簡単で、子どもが喜んで食べてくれて、そして栄養バランスが良いもの…。ちょっと悩んだときは、給食室に気軽にお声をかけてください。ヒントになるようなことをお伝えできるかもしれません。また、子どもの食事の悩みはつきないものです。気になることは、担任や連絡帳を通じてご相談ください。専門職として少しでも悩みが改善されるよう、協力させていただきます。

書き出し文例 ✱ 4月～7月

4月

P177_01

ご入園、ご進級おめでとうございます。期待が膨らむ新年度の始まりに際し、心新たにおいしい給食作りを目指します。食は心の糧でもあります。早く園生活に慣れ、お友達との食事が待ち遠しくなったり、ホッとする時間になるように願っております。

柔らかな春の陽ざしに心和む季節、新年度になりました。今年度も、旬を感じさせる給食の提供と、食に興味がわくような年齢に合ったクッキング保育の企画をしていきたいと思います。また、お子さまの食についての悩みや質問などがありましたら、気軽に声をかけてください。

新年度が始まりました。乳児にとっては、お部屋の移動や新しい担任・お友達など新しい環境に慣れるのに精いっぱいだと思います。4月の給食は、子どもたちにとって食べやすく、そして人気の高いメニューを多くしました。

5月

P177_02

風薫る5月、さわやかな季節になりました。子どもたちは新しい環境にもすっかり慣れ、元気に園生活を送っています。緊張がほぐれ、たくさん遊んでお腹が空くのか、「今日の給食なぁに？」と声をかけてくれる子どもがたくさんいます。

5月になると、緑色が鮮やかなグリンピースやソラマメなどが出回ります。香りや味にちょっとくせはありますが、旬のおいしさを給食で味わってもらいたいと思います。今年も、さやむきのお手伝いを子どもたちといっしょに行います。

入園してひと月が過ぎたこの頃、集団生活が始まるとどうしても避けられない感染症でのお休みが目立ちます。食欲がないときでも水分だけは十分にとるようにしましょう。少し回復してきたら、消化の良いうどんやおかゆなどから食べ始めましょう。

6月

P177_03

季節の変わり目で体力が落ちてくる梅雨に入ります。この時期は食中毒に注意しましょう。菌が増えても、食品の味や風味の変化に気づかずに食べてしまいがちです。①しっかり加熱②できたらすぐに食べる③冷蔵庫で保存するなど、食品管理に気をつけてください。

6月4日～10日は歯と口の健康週間です。むし歯予防のために、カルシウムが多く含まれる乳製品や小魚、カルシウム代謝を助けるビタミンDが多いシイタケ、エナメル質を強化するビタミンAの多い緑黄色野菜など、意識しながらバランス良く食べて歯を守りましょう。

子どもの歯が生えそろうのはおおよそ2歳くらいです。園の食事は3歳以上の幼児と同じ献立ですが、乳児用は手指の機能に合わせた食器具にし、食材の形状もスプーンにのる大きさ、歯茎でもつぶせる硬さなど、年齢・月齢の咀しゃく力に合った食事を提供しています。

7月

P177_04

梅雨が明けると夏も本番となります。この時期は、急に暑くなるために食欲が低下して水分ばかりをとりがちです。暑さ対策をしっかり行い、暑い夏を乗り切りましょう。冷たいタオルで顔や手足を拭くだけでも、サッパリして気持ち良く過ごせますよ。

7月といえば七夕ですね。色とりどりの短冊に願い事を書いて笹に結びつける、子どもたちにとっては、楽しい行事のひとつです。地域により風習は異なりますが、それぞれの地域の伝統を子どもたちに伝え、夏の夜のひとときを家族みんなで楽しみましょう。

プール開きの季節となり、本格的な夏の到来です。子どもたちが大好きなプール（水遊び）ですが、プールは思った以上に体力を消耗します。大好きなプールを楽しむためにも、心がけてあげたいのが十分な睡眠と朝食です。ご家庭でのご協力をお願いいたします。

書き出し文例 ✳ 8月～11月

8月

P178_01

真夏の陽ざしがギラギラと照りつける日が続いています。熱中症を予防するためにも、日中の長い時間の外出はできるだけ避けて、水分をこまめにとるように心がけましょう。外出時は、帽子をかぶる、冷やしたタオルを首にかける、などの工夫が大切です。

暦の上では立秋となりましたが、暑さはまだまだ続きます。冷たい飲み物の飲み過ぎに注意して、暑さに負けない体力作りを心がけましょう。それには、十分な睡眠とバランスのとれた食事が大切です。ちょっとした香辛料やスパイスを効かせると食欲も出てきますよ。

冷たいスイカのおいしい季節となりました。夏は、楽しいイベントがたくさんありますね。山や海に出かけたり、花火を見たり、盆踊りを踊ったり、お盆を故郷で迎えたり…と家族で過ごす機会も多いことでしょう。夏ならではの思い出をたくさん作りましょう。

9月

P178_02

日中はまだ暑さが残りますが、朝夕の風は秋の気配を感じさせるようになりました。夏の陽ざしをいっぱい浴びた子どもたちはたくましく、ひと回り大きくなった感じがします。今月は運動会の練習などで毎日の活動量が増え、子どもたちの食欲が増していくでしょう。

厳しかった夏の陽ざしも秋風とともに和らいできました。これからは、「秋」本番が始まります。芸術の秋・読書の秋・スポーツの秋・食欲の秋と、いろいろな秋を満喫しましょう。お散歩途中のお店や、スーパーマーケットの店先で秋を見つけるのも楽しいですね。

天高く馬肥ゆる秋というように、すがすがしい実りの秋がやってきました。秋の味覚といえば、サンマ・栗・マツタケ・ブドウ・梨・柿・新米とたくさんの食材が私たちを楽しませてくれます。秋は食欲もぐんとアップ！好き嫌いをなくす良い機会かもしれません。

10月

P178_03

実りの秋、食欲の秋です。一年中で一番食べ物のおいしい季節です。子どもの頃から食べ物の旬を知り、旬の恵みを味わうことは、豊かな感性や味覚形成にとても重要なことです。毎日の食卓に旬の食材をとり入れ、話題も豊かな楽しい時間を過ごしたいですね。

食欲の秋、スポーツの秋…体を動かすことが気持ちの良いシーズンです。たくさん体を動かして、お腹をすかせ、秋のおいしいごはんや旬の食材を食べたいですね。栗ごはんにサツマイモごはん、きのこの炊き込みごはん、ついつい食べ過ぎてしまいそうな食欲の秋です。

運動会やサツマイモ掘りなど、秋は子どもたちが楽しみにしている行事が盛りだくさんです。行事を体験することで、子どもの成長を感じられることも多いと思います。それらの行事を楽しむためにも、早寝・早起き・朝ごはんを心がけ、毎日の生活リズムを整えましょう。

11月

P178_04

23日は「勤労感謝の日」です。昔は収穫した穀物に感謝する「新嘗祭（にいなめさい）」でした。食べ物がどこからくるのかを知り、それに関わる人たちに感謝することも食育のひとつです。収穫の秋、食卓での会話を食材の産地や畑といった話題にしてみてはいかがですか。

秋の深まりとともに、野山が赤や黄色に彩られる季節になりました。彩りといえば、美しく盛りつけられた料理、彩り豊かな料理は目にもおいしく食欲が増してきます。彩りを考えたり、器を選んだり、ちょっとしたひと工夫を加えて目にもおいしい秋を味わいましょう。

秋も深まり、柿やブドウなど旬を迎える果物がたくさんあります。子どもたちにおいしい果物の味を覚えてもらう絶好のチャンスです。ビタミンも豊富な果物は実に効能もさまざま。離乳期から食べられるものもあるので、上手にとり入れて風邪予防もいっしょに行いましょう。

書き出し文例 ＊12月〜3月

📝 12月

P179_01

風邪のはやる季節です。手洗い・うがいでの予防も大切ですが、基本は栄養バランスの良い食事です。12月は、食生活や生活リズムも乱れやすくなります。ふだんの食事に気を配りながら、風邪に負けない身体作りをして、早めの予防・回復で年末を乗り切りましょう。

12月に入っただけで、気ぜわしくなるのは大人だけでしょうか。年末は忙しさのためにあれこれ手間をかけることも少なくなりがちですが、子どもといっしょに大掃除をしたり、お正月の準備やおせち料理の準備をしたりして、昔から日本に残る風習を伝える良い機会です。

なんとなく慌ただしい12月。子どもたちの生活リズムは、ふだんから大人に左右されがちですが、特に年末年始は生活リズムが乱れやすくなります。乳児期は特に、早寝・早起き、食事時間をきちんと決めるなど、意識して生活リズムを大切にするように心がけましょう。

📝 1月

P179_02

あけましておめでとうございます。今年も元気いっぱいの子どもたちに負けないよう、おいしく楽しい食事を、心をこめて作っていきたいと思います。ご家庭でのお正月のエピソードなどがございましたら、ぜひ教えてくださいね。

今年もおだやかな初春を迎えられました。園内には、子どもたちの元気いっぱいの声が響いています。寒さも本番となり、今月は感染症がはやりやすくなってきます。手洗いやうがいをしっかりして、食事をおいしく食べて、元気な身体を作っていきましょう。

新しい年を迎え、ご家族で楽しく過ごされたことと思います。1月は寒さも厳しく、体調も崩しやすい月です。年末年始で乱れてしまった生活リズムを少しずつ整えるためにも、あたたかい朝ごはんをしっかり食べて、一日を元気に過ごせるようにしていきましょう。

📝 2月

P179_03

暦の上では春が近づいていますが、まだまだ寒いこの頃です。園では、子どもたちが節分の豆まきの器を一生懸命に作る、かわいらしい姿が見られます。たくさんごはんを食べて、"悪い鬼"を元気いっぱいやっつけてほしいですね。

寒さが一段と増してきて、雪の便りも聞かれる2月です。2月は節分がありますが、節分には季節を分けるという意味があります。季節の変わり目には体調を崩しやすいので、気をつけるという意味もあります。毎日の食事では栄養のあるものを食べて寒さを乗り切りましょう。

節分を過ぎるともう「春」といわれますが、まだまだ寒い季節は続きます。あたたかくなったり、寒くなったり「三寒四温」を過ぎて、少しずつ春に近づいていきます。子どもたちもだんだんと大きくなってきて、お兄さん、お姉さんになってきましたね。

📝 3月

P179_04

3月は卒園式があります。赤ちゃんだった頃から、園の食事を食べてきた年長さんの姿を見ると、「本当に大きくなったなぁ」とつくづく感じます。野菜が苦手だった子どもたちも、卒園のときには食べられるものが増えて、給食室のメンバーにとってもうれしい「卒園」です。

3月は、ひな祭りや卒園式など一年の中でもイベントが多い時期です。年長さんのリクエスト給食も始まります。どんな献立が思い出に残っているのか楽しみです。ほかのクラスのお友達もいろいろなものが食べられるようになって、みんなで元気に進級です。

柔らかな陽ざしとともに、だんだんとあたたかくなってきて、散歩に出かけるよちよち歩きの子どもたちを目にすることが増えてきました。食事の面でも、子ども一人ひとりが自分のペースで、少しずついろいろなものが食べられるように成長してきましたね。

レシピ ＊主菜

06_recipe → 01_kateimuke → P180-181

※材料はすべて大人2人分、子ども2人分の家庭向けレシピです。

お花のシューマイ

●材料
- 豚ひき肉…250g
- タマネギ…1/2個
- 塩…少々
- こしょう…少々
- 卵白…1個
- しょうゆ…小さじ1
- 酒…小さじ2
- ゴマ油…小さじ1
- 片栗粉Ⓐ…大さじ1と1/2
- 魚肉ソーセージ…1本
- 冷凍ホールコーン…15g
- 片栗粉Ⓑ…小さじ2

●作り方
①タマネギはみじん切りにし、軽く炒めて冷ましておく。
②タマネギと豚ひき肉、調味料、卵白、片栗粉Ⓐを粘りが出るまで混ぜる。
③②を1個40gくらいに丸め、ハケで水とき片栗粉Ⓑを塗り、3mmくらいの輪切りにしたソーセージを周りに3〜4枚花びらのように貼りつけ、中心にコーンを飾る。
④湯気のあがった蒸し器に③をくっつかないように並べ、中火〜強火で15分蒸す（蒸し器により時間を調整）。

調理ポイント
表面に片栗粉をそのままハケで塗ることで、照りが出ます。

P180_01

タケノコ春ちらし

●材料
- 米…2カップ
- タケノコ…1/2本
- ニンジン…1/4本
- 油揚げ…1/2枚
- キヌサヤ…8枚
- サクラでんぶ…大さじ3
- 卵…1個
- 砂糖…大さじ1
- しょうゆ…小さじ2
- 酒…大さじ1/2
- サラダ油…小さじ1

●作り方
①タケノコはアク抜きしてゆで、薄切りにする。
②卵は薄焼きにし、細切りにして錦糸卵を作る。キヌサヤはゆでて斜め切りにする。
③油揚げは湯通しして短冊切り、ニンジンは一部花型にして残りはせん切りにする。
④①と③を調味料で煮て、炊いたごはんに混ぜる。サクラでんぶ、錦糸卵、キヌサヤ、花型抜きニンジンで彩り良く飾る。

調理ポイント
タケノコはアクが強いので米ぬかを加えてゆでます。春ちらしは透明なコップに盛りつけると、かわいらしいでしょう。

P180_02

サケのナノハナ焼き

●材料
- サケ（切身）…50g×4切
- 塩…少々
- 酒…小さじ2
- 卵黄…1個
- マヨネーズ…大さじ2
- 三温糖…小さじ2
- パセリ…1枝

●作り方
①サケは塩と酒を振り、下味をつけてホイルケースに入れる。
②卵黄、マヨネーズ、三温糖を合わせてよく混ぜ、①のサケの切身の上にのせる。
③オーブントースターで約15〜20分焼き（うっすらと焦げ色がつく程度）、焼き上がったらみじん切りパセリを散らす。

調理ポイント
サケは、骨や皮をとり除いて食べやすいように下処理します。

P180_03

豚肉のすきやき煮

●材料
- 豚肉…200g
- 焼き豆腐…200g
- タマネギ…1個
- しらたき…1/2袋
- 油…小さじ2
- ショウガ…1かけ
- 酒…小さじ2
- みりん…小さじ2
- 三温糖…大さじ1と1/3
- しょうゆ…大さじ2

●作り方
①焼き豆腐はひと口大、タマネギは薄切りにする。
②しらたきは3cmくらいに切り、下ゆでする。
③ショウガはすりおろして絞り汁にする。
④鍋に油を入れ、肉を炒め、色が変わったら調味料と③、ひたひたの水を加え、ひと煮立ちさせ、アクをとる。
⑤焼き豆腐、タマネギ、しらたきを加え、味を含ませる。

調理ポイント
ショウガは子どもには食べづらいので、絞り汁を使います。

P180_04

レシピ ＊主菜

※材料はすべて大人2人分、子ども2人分の家庭向けレシピです。

七夕そうめん 〔夏・主菜〕

●材料
そうめん（乾めん）…125g
ハム…3枚
キュウリ…1/2本
オクラ…7本
卵…2個
かつおだし…2カップ
みりん…大さじ1
薄口しょうゆ…大さじ1と1/3
砂糖…大さじ1
塩…少々

●作り方
①薄焼き卵を焼き、何枚か星形の型で抜いて残りはせん切りにしておく。ハムも同じように星形の型で抜いておく。
②キュウリはせん切り、オクラはゆでて5mm程度の輪切りにする。
③かつおだしと調味料を合わせて煮立たせたそうめんつゆを、冷蔵庫で冷やしておく。
④そうめんはゆで、水けを切ったら器に入れ、具材を飾りつけ、③のつゆを流し入れる。

P181_01

サンマの甘から煮 〔秋・主菜〕

●材料
サンマ（3枚おろし）…3尾
ショウガ…少々
酒…小さじ1
三温糖…大さじ1
しょうゆ…小さじ2
みりん…大さじ1

●作り方
①ショウガは洗って、細切りにする。
②鍋にサンマを皮を上にして並べる。
③②に調味料と①を入れ、サンマがかぶるくらいまで水を足す。
④落としぶたをして、強火にかけ、ぐつぐつ沸騰してきたら中火にする。
⑤煮汁が少なくなり、全体にからまったらできあがり。

▎調理ポイント
煮ているときは、ときどき鍋底をゆするようにします。

P181_02

サワラの香味焼き 〔秋・主菜〕

●材料
サワラ（切身）…50g×4切
しょうゆ…大さじ1
酒…小さじ1
みりん…小さじ1
三温糖…小さじ2
ショウガ…1かけ
ネギ…1/4本

●作り方
①ネギは小口切りにする。ショウガはすりおろしておく。
②①のネギとショウガ、調味料をすべて合わせて、その中にサワラを入れ、20分ぐらい漬ける。
③クッキングシートを敷いた鉄板にサワラを並べ、170℃のオーブンで約15分ほど焼き色がつくまで焼く。

▎調理ポイント
魚焼きグリルを使用する場合はこげやすいので注意してください。

P181_03

おばけのオムレツ 〔秋・主菜〕

●材料
卵…4個
芝エビ…10尾
タマネギ…1/4個
ニンジン…1/8本（上2cmくらい）
缶づめクリームコーン…15g
ホウレンソウ…2株
チーズ（ピザ用）…20g
粉末コンソメ…1.5g
牛乳…大さじ2
ケチャップ（飾り用）…適量

●作り方
①芝エビは殻をむき、タマネギ、ニンジンはみじん切りにする。ホウレンソウはゆでて、2cmぐらいにざく切りにする。
②ボウルに卵をとき、コンソメ、牛乳を混ぜ、①とクリームコーン、チーズを混ぜ合わせる。
③アルミカップ（大）に②を流し入れ、170℃に熱したオーブンで25～40分ほど焼く（オーブントースターでも可）。
④焼き上がったら、ケチャップでおばけの顔を描く。

P181_04

レシピ ＊主菜・副菜

06_recipe → 01_kateimuke → P182-183

※材料はすべて大人2人分、子ども2人分の家庭向けレシピです。

冬 主菜　イワシのかば焼き

●材料
イワシ…6尾
片栗粉…大さじ1
油…大さじ1
水…大さじ2と1/2
三温糖…大さじ1
しょうゆ…大さじ1
みりん…小さじ1

●作り方
①水、三温糖、しょうゆ、みりんをひと煮立ちさせる。
②別の鍋に油を熱しておく。
③イワシを開いて片栗粉をまぶし、カラッと揚げて油を切る。
④③を①にくぐらせる。

調理ポイント
かば焼きは、イワシ以外の魚や肉にも応用できます。

P182_01

春 副菜　新ゴボウの肉巻き

●材料
豚バラ肉薄切り…100g
新ゴボウ…1本
砂糖…小さじ1と1/2
みりん…小さじ1
しょうゆ…大さじ1/2
かつおだし…3/4カップ

●作り方
①ゴボウはよく洗い、4cmに切り、水にさらしておく。
②ゴボウに肉を巻き、鍋に敷きつめ、調味料と水を加えてひたひたになるようにして火にかけ、ゴボウが柔らかくなったら汁を煮つめる。

調理ポイント
新ゴボウは色が白っぽく、アクも少なく火が早く通ります。時間がないときはゴボウは斜め薄切りにして、こま切れ肉を使って炒め煮にしても良いでしょう。

P182_03

冬 主菜　松風焼き

●材料
鶏ひき肉…200g
ニンジン…1/8本
長ネギ…1/2本
高野豆腐…1個
ショウガ…1かけ
卵…1/2個
ケシの実…小さじ1と1/2
片栗粉…大さじ3
味噌…大さじ1と小さじ1
砂糖…大さじ1
酒…小さじ2
油…大さじ2

●作り方
①高野豆腐は水に漬け、戻して絞っておく。
②ニンジン、長ネギ、高野豆腐は、みじん切りにする。
③ボウルに鶏ひき肉、みじん切りにした②の材料、ショウガの絞り汁、卵、調味料を加えてよく混ぜ合わせる。
④③を小判形に丸め、両面にケシの実をつけてフライパンに油をひいて焼く。

調理ポイント
高野豆腐を使うことで、小判形にしっかりまとめやすくなり、食べ応えもあります。②ではフードカッターを使用しても良いでしょう。

P182_02

春 副菜　フキの煮物

●材料
フキ…2本
砂糖…小さじ1
みりん…小さじ1
しょうゆ…小さじ1
かつおだし…1カップ

●作り方
①フキはゆでて筋をとり、水に漬けておく。
②フキは4cmくらいに切り、調味料とだしを煮立てたところに入れ、味を含ませながら煮る。

P182_04

レシピ ＊副菜

06_recipe → 01_kateimuke → P182-183

※材料はすべて大人2人分、子ども2人分の家庭向けレシピです。

ゴボウサラダ（夏 副菜）

●材料
ゴボウ…1/2本
ニンジン…1/4本
缶づめツナ…1/2缶
ホールコーン…1/2缶
かつおだし…1/3カップ
砂糖…小さじ2
薄口しょうゆ…小さじ2
マヨネーズ…大さじ2

●作り方
①ゴボウはささがきにする。
②ニンジンはせん切りにする。
③鍋でかつおだしを煮立て、ゴボウとニンジンを入れて、薄口しょうゆ、砂糖で薄く下味をつける。
④粗熱をとった③と、ツナとホールコーンの汁けを切ってボウルに入れる。
⑤④にマヨネーズを加え、味を調える。

調理ポイント
ささがきにしたゴボウとニンジンをだしで煮て下味をつけてから、ほかの具材と混ぜ合わせると味がなじみやすくなります。

P183_01

トマトとキュウリの南蛮酢和え（夏 副菜）

●材料
キュウリ…1と1/2本
トマト…1個
チリメンジャコ…大さじ3
三温糖…少々
塩…少々
リンゴ酢…小さじ2
ゴマ油…小さじ2と1/2

●作り方
①キュウリは半月切りにして、さっとゆでて冷ます。
②トマトは湯むきにして四角く切る。
③チリメンジャコはさっと蒸して自然に冷ます。
④三温糖、塩、リンゴ酢、ゴマ油をいっしょに混ぜ合わせ、南蛮酢を作る。
⑤①、②、③を合わせて混ぜ、④で和えて完成。

調理ポイント
トマトは切ってからザルにあげてよく水けを切ると、水っぽくなく味がしまります。

P183_02

インゲンとイカのゴマ和え（夏 副菜）

●材料
イカ…1/2杯
サヤインゲン…10本
キュウリ…1本
ニンジン…1/4本
白すりゴマ…大さじ1
三温糖…大さじ1
しょうゆ…大さじ1

●作り方
①イカは短冊に切り、ゆでておく。
②サヤインゲンは2cmに切り、色良くゆでておく。
③キュウリは小口切り、ニンジンはせん切りにして、サッとゆでておく。
④すりゴマ、三温糖、しょうゆを混ぜ合わせ、①、②、③を和える。

P183_03

カブと柿の酢の物（秋 副菜）

●材料
カブ…2と1/2個
キュウリ…1/2本
柿…1/2個
砂糖…小さじ1と1/2
酢…大さじ1と1/2
塩…少々

●作り方
①カブは縦4つ割に、キュウリは輪切りの薄切りなど、食べやすい大きさでスライスし、塩で軽くもんでおく。柿は生で食べやすいように皮・種を除きスライスしておく。
②①の水けを切って、調味料で和える。

P183_04

レシピ ＊副菜・おやつ

06_recipe → 01_kateimuke → P184-185

※材料はすべて大人2人分、子ども2人分の家庭向けレシピです。

秋 副菜　サトイモのゴマ味噌煮

●材料
サトイモ…4個
ニンジン…1/3本
コマツナ…1株
三温糖…大さじ1
味噌…小さじ1と1/2
白いりゴマ…大さじ1
酢…適量
塩…適量

●作り方
①サトイモは水洗いし、皮をむいて塩でもんでおく。
②鍋に①のサトイモを入れ、ひたひたにかぶるくらいの水と酢少々を入れて火にかけ、一度ゆでこぼす。
③鍋にニンジンを入れ、ひたひたの水を加えて煮立てる。
④ニンジンが柔らかくなったら、②を入れ、3分の1ほどがひたるくらいの水と、三温糖、味噌、ゴマを入れて煮る。
⑤コマツナは洗ってざく切りにし、別にゆでて水を切る。
⑥④に味がしみたら、⑤を合わせる。

調理ポイント
サトイモの代わりにジャガイモでもおいしく作れます。サトイモは、ぬめりをとってから煮ると味がしみこみやすいです。塩でもんだり、酢を入れた湯で一度ゆでこぼすことによって、強いぬめりがとれます。

P184_01

冬 副菜　野菜のテリーヌ風

●材料
オクラ…4本
ヤングコーン…2本
ニンジン…1/8本
ハクサイ…1枚
塩…少々
粉寒天…2〜3g
だし…1カップ
塩…少々
しょうゆ…少々

●作り方
①オクラは塩で軽くもんでからゆでて小口切りにする。
②ヤングコーンは1cmほどの小口切り、ニンジンは1cmほどのさいの目切り、ハクサイも2〜3cmに切る。
③②の野菜を薄い塩味で煮つめておく。
④粉寒天をだしで煮とかし、薄く味を調え粗熱をとる。
⑤型に野菜を彩り良く並べ、④を流し入れ、冷やし固める。

P184_03

冬 副菜　ホウレンソウの梅肉和え

●材料
ホウレンソウ…1/2束
モヤシ…1/2袋
ねり梅…大さじ1
ゴマ油…大さじ1
しょうゆ…小さじ1
酢…大さじ1/2
かつおぶし…少々

●作り方
①ホウレンソウ、モヤシは2cmくらいの長さに切り、ゆでて冷水にとり冷ましておく。
②ボウルにねり梅、ゴマ油、しょうゆ、酢、かつおぶしを入れて混ぜ合わせる。
③水けをよく絞った①を②に入れて和える。

P184_02

春 おやつ　ヨモギ団子

●材料
ヨモギ（生）…25g
上新粉…1と1/3カップ
三温糖…大さじ2
きな粉…大さじ3

●作り方
①ヨモギはゆでて細かくきざんでおく。
②上新粉に同量の熱湯を合わせてこねる。大きめにちぎり、沸騰した湯でゆでてから水にさらし、さらによくこねる。
③②にヨモギを加えて混ぜ、ひと口大の団子にし、もう一度ゆでる。
④ゆであがった団子を、三温糖ときな粉を混ぜた中に入れてからめる。

P184_04

レシピ　＊おやつ

06_recipe → 01_kateimuke → P184-185

※材料はすべて大人2人分、子ども2人分の家庭向けレシピです。

こいのぼりケーキ

●材料
カステラ…4切
生クリーム…100g
砂糖…大さじ1
缶づめミカン…12粒
レーズン…12粒

●作り方
①生クリームに砂糖を入れてホイップクリームを作る。
②こいのぼりをイメージし、カステラの上にレーズン、缶づめミカン、ホイップクリームを飾る。

調理ポイント
子どもといっしょに飾りつけをすると楽しいでしょう。

P185_01

ずんだ白玉

●材料
白玉粉…1カップ
水…1/2カップ
エダマメ…1袋
三温糖…1/2カップ
きな粉…大さじ2

●作り方
①白玉粉と水を合わせて耳たぶくらいの硬さにし、ひと口大に丸めてゆで、冷やす。
②エダマメは蒸してさやから豆をとり出し、細かく刻み、すり鉢で軽くする。
③②を鍋に入れ、三温糖を加えて火にかけ煮つめてから冷ます。
④器に①を盛り、③をかけ、仕上げにきな粉を振りかけてできあがり。

調理ポイント
エダマメは、蒸した後に冷ましてから、子どもがさやから豆を出す作業をしても楽しいです。熱湯にくぐらせてからみじん切りにしたり、フードプロセッサーにかけても良いでしょう。

P185_03

キラキラフルーツポンチ

●材料
白玉粉…1/2カップ
絹ごし豆腐…50g
水…大さじ1
缶づめミカン…8粒
缶づめモモ…2個
缶づめパイン…2枚

●作り方
①白玉粉と絹ごし豆腐を混ぜ合わせ、水を加え（足りない場合は追加して）耳たぶのような柔らかさになるまで、混ぜ合わせる。
②生地を平らに伸ばし、星形の型で抜いて、沸騰したお湯に入れ、浮いてきたら素早くすくいあげ、水をはったボールにとる。
③冷ましてから、切った缶づめのフルーツといっしょに盛りつける。

P185_02

きな粉おはぎ

●材料
米…1/2カップ
もち米…1/2カップ
きな粉…大さじ5
三温糖…大さじ4
塩…少々

●作り方
①もち米と米を同量にして、炊飯器で炊く。
②きな粉と三温糖、塩を混ぜておく。
③炊けたら、釜の中ですりこぎで軽くつき、丸める。
④③に②をまぶす。

調理ポイント
おはぎの周りにきな粉だけを先につけ、その上からきな粉と三温糖を混ぜたものをつけるとベタベタにならず、上手に作ることができます。おはぎはきな粉ばかりでなく、黒すりゴマも人気があります。

P185_04

レシピ　＊おやつ

06_recipe → 01_kateimuke → P186

※材料はすべて大人2人分、子ども2人分の家庭向けレシピです。

サツマイモまんじゅう（秋おやつ）

●材料
サツマイモ…1本
小麦粉…大さじ5
塩…少々
小倉あん（市販）…100g

●作り方
①サツマイモは皮をむいて、水に漬けてアクを抜き、柔らかくゆでる（蒸しても良い）。
②柔らかくなったサツマイモをていねいにつぶし、小麦粉と塩を混ぜ、まんじゅうの皮の生地を作る。
③②を手のひらで広げ、人数分に丸めておいたあんをのせて包み、5cm角に切ったオーブンシートにのせ、8分蒸す。

P186_01

くるくるソースセージ（冬おやつ）

●材料
食パン（サンドイッチ用）…3枚
ソーセージ…3本
中濃ソース（お好み焼きソース）…小さじ1
青のり…小さじ3
干し桜エビ…5g
かつおぶし…5g
マヨネーズ…大さじ1

●作り方
①干し桜エビ、青のり、マヨネーズ、かつおぶし、中濃ソースは混ぜ合わせておく。
②ソーセージをゆでる。
③サンドイッチ用の薄切り食パンを、めん棒で薄く平らにする。
④③に①を塗り、ソーセージを端においてくるくると巻く。
⑤ホットプレートなどで、両面を軽く色がつく程度に焼く。

調理ポイント
サンドイッチ用の食パンをめん棒でさらに薄く平らにすることで、巻きやすくなります。中濃ソースはお好み焼きソースでもOKです。
※ソースセージは造語です。

P186_03

サンタのケーキ（冬おやつ）

●材料
カステラ…4切
砂糖…大さじ1
生クリーム…大さじ4と小さじ2
イチゴ…4個
レーズン…8粒

●作り方
①カステラの広い面を下に倒して皿に盛りつける。
②生クリームは砂糖を加えて泡立て、カステラの下半分にひげのように盛りつける。
③イチゴは帽子のように上部に並べる。安定して、転がらないように、イチゴの端を縦に薄く切る。
④レーズンを目のように飾る。

調理ポイント
盛りつけに少し手間がかかりますが、サンタの顔になるようにかわいく仕上げましょう。

P186_02

恵方ロール（冬おやつ）

●材料
食パン（サンドイッチ用）…3枚
焼きのり…3枚
キュウリ…1/2本
スライスチーズ…3枚
ロースハム…3枚
マーガリン…大さじ1

●作り方
①食パンにマーガリンを塗る。
②スライスチーズが包んであったセロハンの上に食パンの大きさに切った焼きのり、食パン、スライスチーズ、薄切りにしたキュウリ、ハムの順にのせ、のり巻きの要領で巻く。

調理ポイント
スライスチーズが包んであるセロハンを"まきす"代わりに使うことで、パンを簡単に巻くことができ、乾燥も防げます。

P186_04

レシピ * とりわけ離乳食❶

06_recipe → 02_rinyushoku → P187-188

春 揚げ新ジャガのそぼろ煮

●材料（大人2人分、子ども2人分）
新ジャガイモ…4～5個　しょうゆ…大さじ1
揚げ油…適量　砂糖…大さじ1
豚ひき肉…100g
ニンジン…1本
タマネギ…1/2個
ピーマン…2個
サラダ油…大さじ1/2

●基本の作り方
①ジャガイモは、皮をむいてからひと口大の乱切りにする。
②①の水けをよく切り、油で揚げておく。
③ニンジン、タマネギ、ピーマンはみじん切りにする。
④鍋で、ひき肉と③を炒め合わせ、砂糖、しょうゆで味を調え、②を加え入れて、全体に味をよくからめて仕上げる。

月齢別離乳食アレンジ（子ども1人分）

＊5～6か月頃「新ジャガの柔らか煮」
●材料　新ジャガイモ…15g／ニンジン…3g／砂糖…少々／しょうゆ…少々
●作り方　ジャガイモとニンジンを、砂糖としょうゆで薄味に煮る。

＊7～8か月頃「新ジャガの柔らか煮」
●材料　新ジャガイモ…20g／ニンジン…5g／タマネギ…5g／砂糖…少々／しょうゆ…少々
●作り方　ジャガイモ、ニンジン、タマネギを砂糖としょうゆで薄味に煮る。

＊9～11か月頃「新ジャガのそぼろ煮」
●材料　新ジャガイモ…30g／サラダ油…少々／豚ひき肉…10g／ニンジン…8g／タマネギ…5g／ピーマン…2g／しょうゆ…少々／砂糖…少々／だし…適量
●作り方　ジャガイモは別にとりわけて、1cm角に切り、ひたひたのだしで煮ておき、ひき肉と野菜のそぼろをまぶす。

＊12～18か月頃「揚げ新ジャガのそぼろ煮」
●材料　新ジャガイモ…35g／揚げ油…適量／豚ひき肉…12g／ニンジン…10g／タマネギ…7g／ピーマン…2g／サラダ油…少々／しょうゆ…少々／砂糖…少々
●作り方　基本の作り方と同じ。ジャガイモは子ども用に小さく切ると良い。

P187_01

夏 キスのカレー風味揚げ

●材料（大人2人分、子ども2人分）
キス…6尾
小麦粉…大さじ3
カレー粉…少々
塩…少々
卵…1/3個
水…大さじ2
植物油…適量

●基本の作り方
①小麦粉、カレー粉、塩、卵、水を混ぜて衣を作る。
②開いたキスに①をつけ、170℃の油で色よく揚げる。

●調理ポイント
キスは開いたものを購入します。水けはキッチンペーパーでしっかりとっておきます。ほかの白身魚でもおいしいです。

月齢別離乳食アレンジ（子ども1人分）

＊5～6か月頃「煮魚」
●材料　キス…10g／こんぶだし…少々／片栗粉…少々
●作り方　キスはゆで、すりつぶす。こんぶだしで煮て、水とき片栗粉でとろみをつける。

＊7～8か月頃「魚の野菜あんかけ」
●材料　キス…15g／キャベツ…10g／ニンジン…10g／こんぶだし…少々／塩…少々
●作り方　キスはゆでて、細かく刻む。野菜はゆでて刻み、こんぶだしで煮て、薄く味をつける。水とき片栗粉でとろみをつけ、キスにかける。

＊9～11か月頃「魚の野菜あんかけ」
●材料　キス…20g／キャベツ…15g／ニンジン…15g／こんぶだし…少々／塩…少々
●作り方　キスはゆでてほぐす。野菜はゆでて刻み、こんぶだしで煮て、薄く味をつける。水とき片栗粉でとろみをつけ、キスにかける。

＊12～18か月頃「キスのカレー風味揚げ」
●材料　キス…20g／小麦粉…小さじ1／カレー粉…少々／塩…少々／卵…少々／水…小さじ1／植物油…適量
●作り方　基本の作り方と同じ。

P187_02

レシピ * とりわけ離乳食 ②

秋　お月見つくねバーグ

●材料（大人2人分、子ども2人分）
- 豚ひき肉…75g
- 鶏ひき肉…75g
- 木綿豆腐…125g
- タマネギ…1/2個
- ニンジン…1/8本
- シイタケ…1/4個
- 卵…1/2個
- ウズラ卵（水煮）…4個
- スキムミルク…小さじ2 ┐
- 塩…少々　　　　　　　│
- 片栗粉…大さじ3　　　 ├ Ⓐ
- しょうゆ…小さじ2　　 │
- 三温糖…小さじ2　　　 ┘
- みりん…小さじ1
- 片栗粉…小さじ1 ┐ あん用
- 水…大さじ2　　 ┘

●基本の作り方
① 豆腐はゆでて水けを切る。
② タマネギ、ニンジン、シイタケはみじん切りにする。
③ ひき肉、①、②、卵、Ⓐを入れてよく練って、真ん中にウズラ卵を置き、1人分ずつ形作る。
④ 蒸し器で15分ぐらい蒸す。
⑤ しょうゆ、三温糖、みりん、水を入れ煮立て、水溶き片栗粉でとろみをつけたあんを、蒸し上がったつくねにかける。

調理ポイント
フライパンで蒸し焼きにしても良いです。

月齢別離乳食アレンジ（子ども1人分）

*5～6か月頃「豆腐のすりつぶし」
- ●材料　木綿豆腐…20g
- ●作り方　ペースト状にする。

*7～8か月頃「ささみのすりつぶし」
- ●材料　鶏ささみ…20g／ニンジン…10g／タマネギ…10g／片栗粉…少々
- ●作り方　ゆでたささみを細かくきざみ、ゆでたみじん切り野菜と混ぜ合わせ、薄味に煮て片栗粉でとろみをつける。

*9～11か月頃【12～18か月頃】「つくねバーグ」
- ●材料　豚ひき肉…9【10.5】g／鶏ひき肉…9【10.5】g／木綿豆腐…15【17.5】g／タマネギ…9.6【11.2】g／ニンジン…2.5【2.9】g／シイタケ…0.3【0.4】g／片栗粉…小さじ1【小さじ1】／スキムミルク…0.9【1.1】g／塩…少々【少々】／水…少々【少々】／しょうゆ…少々【少々】／三温糖…少々【少々】／片栗粉（あん用）…少々【少々】／みりん…少々【少々】
- ●作り方　基本の作り方と同じ（卵・ウズラ卵は入れない）。つくねバーグは1cm角に切り、9～11か月頃は薄味のたれにとろみをつけ、からませる。

冬　カボチャのほうとう

●材料（大人2人分、子ども2人分）
- ほうとう（生めん）…300g
- カボチャ…1/8個
- 長ネギ…1/2本
- ニンジン…1/8本
- ジャガイモ…1個
- ブナシメジ…1/4株
- ダイコン…1/8本
- コマツナ…2株
- 油揚げ…1/2枚
- 豚肉…100g
- 味噌…大さじ2
- だし…4カップ

●基本の作り方
① カボチャ、ジャガイモはひと口大に、ニンジン、ダイコンはイチョウ切り、油揚げ、コマツナは1cmほどの長さに切っておく。
② 鍋に豚肉、ニンジン、ダイコン、油揚げを入れ、だしを加えて火にかけ、カボチャ、ジャガイモ、ブナシメジはほかの野菜が柔らかくなったら加えて、弱火で煮る。
③ ほうとうは、一度ゆでて余分な粉を落とす。ゆであがったら②の鍋に入れ、全体になじむ程度に少し煮込み、味噌で味を調え、小口切りの長ネギを入れる。

調理ポイント
ジャガイモとカボチャは煮くずれるので、ほかの食材が柔らかくなってから煮込み、アクはていねいにすくいとります。ほうとうを生めんのまま煮れば、とろみのある汁が楽しめます。

月齢別離乳食アレンジ（子ども1人分）

*5～6か月頃「クタクタうどん」
- ●材料　うどん…30g／カボチャ…5g／ニンジン…5g／ジャガイモ…5g／ダイコン…5g
- ●作り方　うどん、野菜はみじん切りにし、柔らかく煮る。

*7～8か月頃「やわらかうどん」
- ●材料　うどん…40g／カボチャ…10g／長ネギ…2g／ニンジン…2g／ジャガイモ…10g／ブナシメジ…2g／ダイコン…5g／コマツナ…5g／だし…小さじ1/2
- ●作り方　カボチャは皮をむき、ほかの野菜もみじん切りにする。うどんは1～2cmに切り、だしで柔らかく煮る。

*9～11か月頃【12～18か月頃】「カボチャのほうとう」
- ●材料　ほうとう（生めん）…60【70】g／カボチャ…10【15】g／長ネギ…3【3】g／ニンジン…3【3】g／ジャガイモ…10【15】g／ブナシメジ…3【3】g／ダイコン…10【15】g／コマツナ…7【7】g／油揚げ…3【3】g／味噌…小さじ1【小さじ1】／煮干しだし…1【1】g
- ●作り方　基本の作り方と同じ（豚肉は入れない）。個人差に合わせて食べやすい大きさにする。

付属CD-ROMの使い方とコピー用シアター型紙

付属CD-ROMには、印刷してすぐに使えるシアターやポスター、おたより作りに役立てたいイラストや文例など全996点のデータを収録。シアターはコピー用型紙つきです。

CD-ROMの構成

付属のCD-ROMは、本書と同じカテゴリーでデータを収録しています。各カテゴリーのフォルダの中に、ページごとのフォルダ（4C：カラー／1C：モノクロ）があり、その中に各ページのデータ（illust：イラストのみ／text：テキストのみ／text-illust：テキストとイラストを合わせたもの）を収録しています。

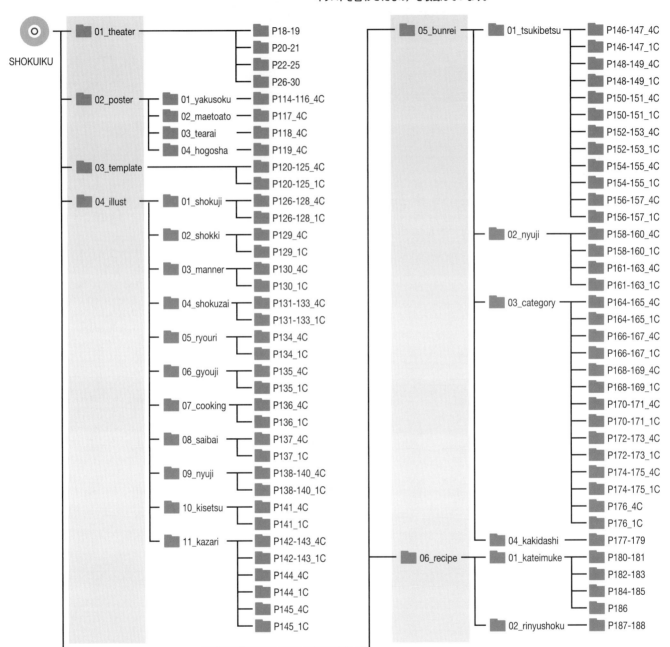

付属CD-ROMのご使用上の注意
本書をご使用の前に必ずお読みください。

- 付属のCD-ROMは以下のパソコンに対応しています。
Windows8、Windows7、Windows Vista
- おたよりなどのテンプレート、献立表をご使用の場合は、Microsoft Office Word、Microsoft Office Excelがインストールされているかご確認ください。
- 収録されているテンプレートは、「Windows7」上で動く「Microsoft Office Word 2010」、献立表は「Microsoft Office Excel 2010」で作成し、以下の形式で保存してあります。
  ＜Windows＞
  ・Word 97-2003 文書　・Excel 97-2003
お使いのOSやアプリケーションのバージョン、環境によっては、レイアウトが崩れる可能性がありますので、あらかじめご了承ください。
- 付属のCD-ROMをご使用いただくには、お使いのパソコンにCD-ROMドライブ、またはCD-ROMを読み込めるDVD-ROMドライブが装備されている必要があります。
- 付属のCD-ROMは音楽CDではありませんので、オーディオプレーヤーでは再生しないでください。
- CD-ROMの裏面に傷をつけると、データが読み取れなくなる場合がありますので、取り扱いには十分ご注意ください。
- 付属のCD-ROMに収録されているデータについてのサポートは行っておりません。
- 営利目的でのご使用はできません。

※Microsoft、Windowsは、米国Microsoft Corporationの登録商標です。本書では、商標登録マークの表記は省略しています。

付属CD-ROMを使って
おたよりを作ってみよう

付属CD-ROMには、文章やイラストがレイアウトされたテンプレートが収録されています。このテンプレートをもとにして、オリジナルのおたよりを作成してみましょう。ここではWindows8上で動く「Microsoft Word 2013」を使った例を紹介していますが、Excelのテンプレートでも操作方法はほぼ同じです。

最初に まずは付属CD-ROMのテンプレートをコピーしよう

1 CD-ROMを挿入する

CD-ROMをパソコンのCD-ROMドライブに挿入すると、画面右上にメッセージが表示されるので、これをクリックします。

ディスクに対して行う操作の選択画面が表示されるので、「フォルダーを開いてファイルを表示」をクリックしましょう。

2 テンプレートが入ったフォルダを開く

CD-ROMの内容が一覧表示されます。ここでは「03_template」→「P120-125_1C」フォルダをダブルクリックして開いてみましょう。

Point CD-ROMを挿入しても自動再生されない場合は

CD-ROMを挿入しても自動再生ダイアログが表示されない場合は、デスクトップのタスクバーに表示されている、「エクスプローラー」をクリックします。

CD-ROMドライブのアイコンをダブルクリックしましょう。すると、CD-ROMの中身が表示されます。

3 テンプレートをパソコンにコピーする

ここでは、「P120-125_1C」フォルダにある「P122_01」ファイルをテンプレートとして利用します。ファイルをデスクトップなどにコピーしましょう。

4 ファイルをダブルクリック

コピーした「P122_01」ファイルをダブルクリックすれば、Wordが起動してテンプレートが表示されます。

Wordの画面の見方

付属CD-ROMの使い方

「ファイル」タブ
編集した内容の保存や、ページの印刷などを行うメニューが表示されます。

クイックアクセスツールバー
操作をすばやく行うために、よく使う機能のボタンを登録しておけます。

ヘルプ
Wordのヘルプ画面が表示されます。Wordの操作でわからない点があれば、このヘルプで調べてみましょう。

タブ
Wordの機能が、タブで大まかに分類されています。

リボン
Wordの操作ボタンが一覧表示されます。タブを切りかえることで、表示されるボタンもかわります。

閉じるボタン
Wordを終了します。

スクロールバー
文章の上下左右が途切れて見えない場合は、このスクロールバーをマウスで動かせば、表示位置を変更できます。

ズームスライダー
文字が小さくて見づらい場合は、このスライダーで表示倍率を変更しましょう。

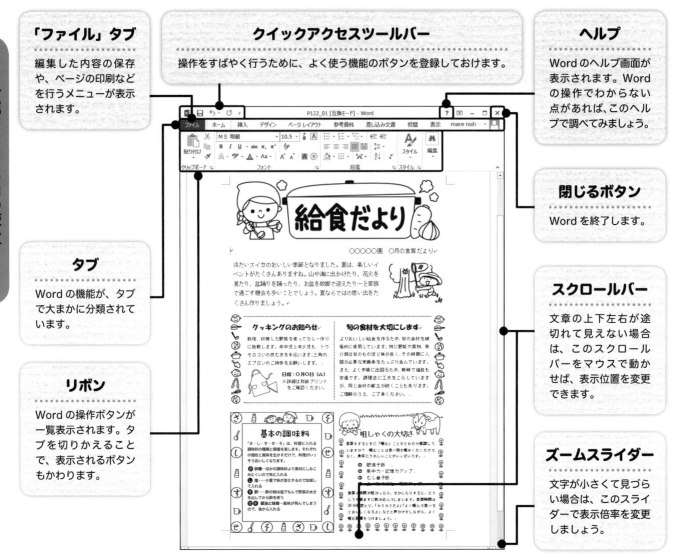

オリジナルのおたよりを作ろう

1. テンプレートの文章をかえてみよう　⇨ P193
2. テキストボックスの大きさ・位置をかえよう　⇨ P193
3. イラストの大きさ・位置・角度をかえよう　⇨ P194
4. 不要なテキストボックス・イラストを削除しよう　⇨ P194
5. テンプレートの文章をほかの文例に差しかえよう　⇨ P195
6. 新しいイラストを追加しよう　⇨ P195
7. 新しい文章を追加しよう　⇨ P196
8. 文字の大きさやデザインをかえてみよう　⇨ P197
9. テキストボックスやイラストを前面／背面に移動させよう　⇨ P199
10. 作成したおたよりを保存・印刷しよう　⇨ P199

テンプレートの文章をかえてみよう

1 テキストボックス内の文章を書きかえる

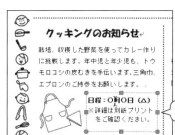

書きかえたい文章がある枠（テキストボックス）内をクリックすると、カーソルが表示され文章の編集が可能になります。

枠内をクリック

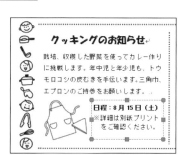

不要な文字を消して、文章を書きかえましょう。

Point 操作を元に戻す／やり直すには

操作を元に戻す

左上のクイックアクセスツールバーにある、「元に戻す」ボタンをクリックすると、一つ前の操作に戻せます。またボタン右の「▼」ボタンをクリックすると、より前の操作履歴が表示され、ワンクリックで戻すことができます。

操作をやり直す

同じくクイックアクセスツールバーにある「やり直し」ボタンをクリックすれば、元に戻した操作をやり直すことができます。

テキストボックスの大きさ・位置をかえよう

1 テキストボックスの大きさをかえる

テキストボックスを一度クリックすると、そのテキストボックスが選択された状態になります。

テキストボックスの辺に表示されている■や、四隅に表示されている●マークの上にカーソルを合わせると、拡大・縮小カーソルにかわります。

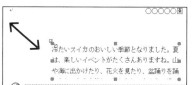

クリックしたままドラッグしてみましょう。テキストボックスのサイズを自由に変更できます。

2 テキストボックスの位置をかえる

■●マーク以外の辺にカーソルを合わせると、十字カーソルにかわります。

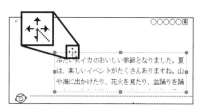

そのままドラッグすれば、テキストボックス全体を移動できます。

付属CD-ROMの使い方

3 イラストの大きさ・位置・角度をかえよう

① イラストの大きさ・位置をかえる

イラストを一度クリックすると、そのイラストが選択された状態になります。

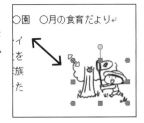

■●マークにカーソルを合わせてドラッグすれば、イラストを拡大・縮小できます。

またイラスト内にカーソルを合わせれば十字カーソルになり、イラストを移動できます。

② イラストを回転する

イラストを選択状態にすると、上部に回転ハンドルが表示されるので、これをクリックします。

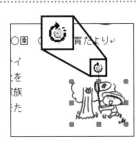

回転ハンドルをクリックしたままドラッグすれば、イラストを回転させて角度をかえることができます。

4 不要なテキストボックス・イラストを削除しよう

① 不要なテキストボックスを切り取る

不要なテキストボックスやイラストを削除して、スペースをあけてみましょう。まずは、テキストボックスの中ではなく、外枠部分をクリックして選択します。

「ホーム」タブのはさみボタンをクリックして、テキストボックスを切り取ります。

② 不要なイラストを切り取る

同じくイラストの場合も、クリックして選択状態にします。

「ホーム」タブのはさみボタンをクリックして、イラストを切り取ります。

これで、新しいイラストや文例を入れるスペースがあきました。

5 テンプレートの文章をほかの文例に差しかえよう

1 文例テキストをコピーする

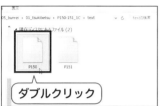

付属CD-ROMから、差しかえたい文例を選びましょう。ここでは「05_bunrei」→「01_tsukibetsu」→「P150-151_1C」→「text」フォルダの、「P150」テキストをダブルクリックして開きます。

文例テキストを選択して、右クリックからコピーしましょう。ここでは「P150_03」の文例をコピーします。

2 コピーした文例を貼り付ける

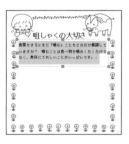

差しかえたい文例をドラッグして、選択状態にします。

「ホーム」タブの「貼り付け」ボタンをクリックして、コピーしておいた文例を貼り付けます。

選択した文例が、コピーした文例に置きかわりました。テキストボックスをドラッグして、大きさを調整しましょう。

同じ手順で、見出しなどの文例も差しかえましょう。文字の大きさや行間をかえる方法は、P197で解説しています。

6 新しいイラストを追加しよう

1 スペースをあけておく

P194の手順にしたがって、あらかじめ不要なテキストボックスやイラストを削除し、スペースをあけておきます。

2 付属CD-ROMのイラストを挿入する

あいたスペースに、付属CD-ROMに収録されたイラストを入れてみましょう。「挿入」タブの「画像」をクリックします。

付属CD-ROMから挿入したいイラストを選びます。ここでは「05_bunrei」→「01_tsukibetsu」→「P150-151_1C」→「illust」フォルダの、「P150_03」画像を選択し、「挿入」をクリックします。

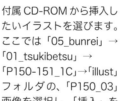

テンプレート内にイラストが挿入されました。写真なども同じ手順で挿入できます。

付属CD-ROMの使い方

195

③ イラストを移動できるようにする

イラストを挿入するとレイアウトがずれますが、このままではイラストを自由に移動できません。イラストをクリックして選択状態にし、「書式」タブの「文字列の折り返し」をクリックしましょう。

すると下部にメニューが開くので、「四角」をクリックして選択します。これでイラストを自由に動かせるようになります。

④ イラストの位置を調整する

イラスト内にカーソルを合わせて十字カーソルにし、クリックします。

そのままイラストをドラッグして、あいたスペースに配置しましょう。

■・●マークや、回転ハンドルをドラッグして、イラストの大きさや角度を調整しましょう。

⑦ 新しい文章を追加しよう

① テキストボックスを作成する

あらかじめ不要なテキストボックスやイラストを削除し、スペースをあけたら、「挿入」タブの「テキストボックス」ボタンをクリックします。

メニューの下のほうにある、「横書きテキスト ボックスの描画」をクリックします。縦書きで文章を追加したい場合は、その下の「縦書きテキスト ボックスの描画」を選択しましょう。

テキストボックスを挿入したい場所にカーソルを合わせてマウスをクリックします。

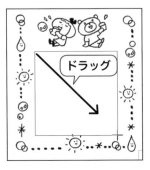

そのまま、文章を追加したい範囲までドラッグしましょう。ドラッグした範囲にテキストボックスが作成されます。

2 テキストを入力する

横書き
作成したテキストボックス内に、文章を入力しましょう。これは横書きの文章です。

縦書き
縦書きの文章はこのようになります。

Point あとから横書き/縦書きを変更するには

「ページレイアウト」タブの「文字列の方向」メニューで、あとから横書き/縦書きを変更したり、文字列を左右に90度回転することができます。

3 テキストボックスの枠を削除する

テキストボックスを作成すると、外枠が表示されます。これをなくしたい場合は、「書式」タブの「図形の枠線」をクリックし、メニューから「線なし」を選択します。

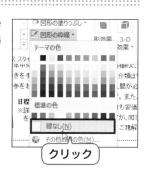

これで周囲の枠が消えて、テキストのみが表示されるようになります。

8 文字の大きさやデザインをかえてみよう

1 文字の大きさをかえる

まず大きさをかえたい文字をドラッグして、選択状態にします。

「ホーム」タブのフォントサイズ欄右にある「▼」をクリックし、好きな文字サイズを選択しましょう。メニューにない数字でも、直接入力すればその大きさに変更できます。

選択した文字が、指定のサイズにかわります。

2 文字の種類をかえる

文字の種類(フォント)をかえたい文章を選択し、「ホーム」タブのフォント欄右にある「▼」をクリックすれば、好きなフォントに変更できます。

3 文字を太字/細字にする

太字にしたい文字を選択し、「ホーム」タブの「B」ボタンをクリックすれば太字に、もう一度クリックすれば細字に戻ります。

付属CD-ROMの使い方

④ 文字の色をかえる

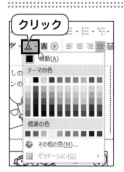

色をかえたい文字を選択し、「ホーム」タブの「フォントの色」ボタンで文字色を変更できます。「その他の色」から、メニューにない色に変更することも可能です。

⑤ 文字を左右や中央に揃える

文章を選択して、「ホーム」タブの「文字揃え」ボタンから、揃えたい形のボタンをクリックします。ここでは、左から二つ目の「中央揃え」ボタンをクリックします。

このように、選択した文章がテキストボックスの中央で揃えられます。

Point そのほかの文字揃えの種類

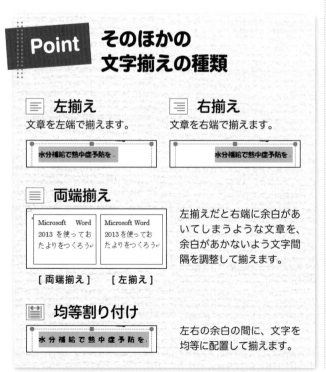

⑥ 行間を広くする

文章を選択して、「ホーム」タブの「行と段落の間隔」ボタンメニューで、1.0以上の行間を選択します。

選択した文章の行間が広くなりました。

⑦ 行間を狭くする

行間を狭くする場合は、「行と段落の間隔」ボタンメニューから、「行間のオプション」をクリックします。

「間隔」欄の「行間」を「固定値」にして、「間隔」の数値を小さくすると、行間が狭くなります。

行間が狭くなりました。ただし「間隔」の数値をフォントサイズ以下にすると、文字が重なってしまうので注意してください。

9 テキストボックスやイラストを前面/背面に移動させよう

1 背面のテキストボックスを前面に出す

テキストボックスとイラストを重ねた際に、テキストボックスがイラストの後ろに隠れて文字が読めない場合があります。

クリック

この場合は、テキストボックスを選択した状態で、「書式」タブの「前面へ移動」の▼メニューをクリックし、「前面へ移動」「最前面へ移動」「テキストの前面へ移動」のいずれかをクリックします。

すると、テキストボックスがイラストの前面に表示され、文字が読めるようになります。

2 前面のイラストを背面に移動する

またはイラストのほうを背面に移動してもかまいません。イラストを選択した状態で、「書式」タブの「背面へ移動」→「テキストの背面へ移動」をクリックします。

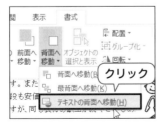
クリック

イラストがテキストボックスの背面に移動し、文字が読めるようになります。

10 作成したおたよりを保存・印刷しよう

1 名前を付けて保存する

クリック
クリック

おたよりが作れたら、「ファイル」タブを開いて「名前を付けて保存」をクリック→「参照」をクリックしましょう。

ファイル名を入力
クリック

保存先のフォルダを開き、「ファイル名」で新しい名前を付けたら、「保存」をクリックすると保存できます。

Point 保存形式の変更

付属CD-ROMのテンプレートは、古いWordでも扱えるように「Word 97-2003文書」形式で作成されています。ただしこの形式だと、新しいバージョンの一部機能が使えずレイアウトが崩れる場合があります。新しいバージョンでしか扱わないなら、ファイルの種類を「Word文書」にして、最新の形式で保存してもかまいません。

2 おたよりを印刷する

クリック

作成したおたよりを印刷するには、「ファイル」タブを開いて「印刷」をクリックします。

クリック

右欄に印刷プレビューが表示されるので、確認しましょう。あとは部数などを設定して、「印刷」をクリックすれば印刷が開始されます。

付属CD-ROMの使い方

コピー用シアター型紙

このマークがついているシアターの型紙です。
好きな大きさにコピーして、ご利用ください。
※カラーのデータは CD-ROM に収録されています。

✱ P.18　ニコニコ朝ごはん　　●紙芝居

1枚目

P018_01

2枚目

P018_02

3枚目

P018_03

4枚目

P019_01

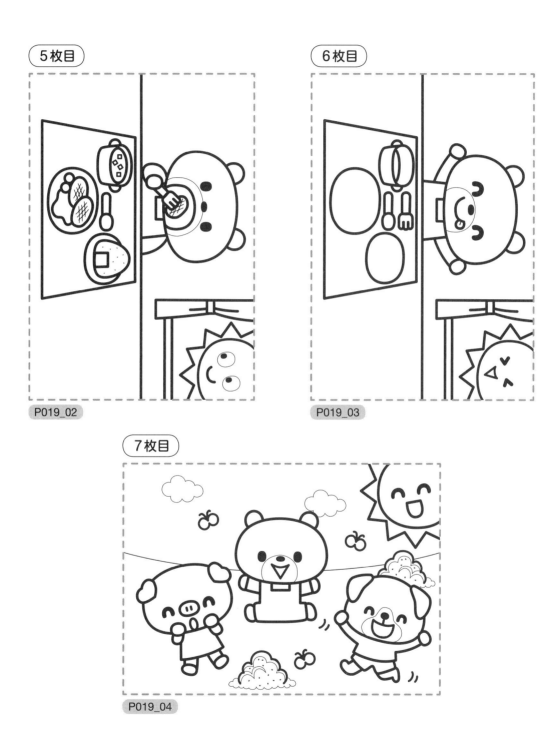

✴ P.20 スプーンくんとフォークちゃん

P020_01　　　表

P021_01　　　裏

★ P.22 何でも食べてもりもり元気

★ P.26 野菜畑でうんとこしょ！

P026_01　　　表　　　ぴょんた　　　裏

P026_02　　　表　　　ぴょんこ　　　裏

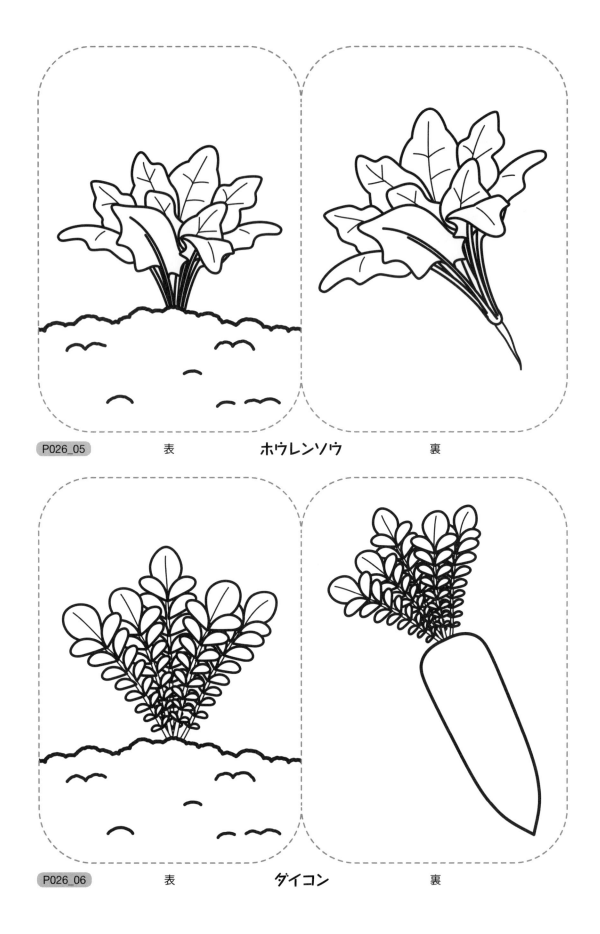

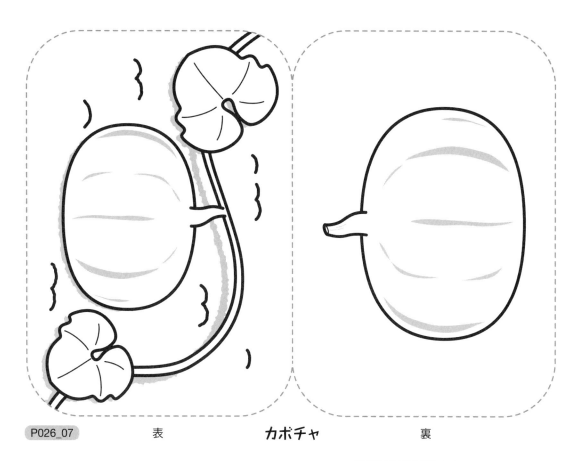

P026_07　表　カボチャ　裏

※型紙をコピーして使う場合は、拡大率を調整して大小の葉を用意しましょう。CD-ROMには大きい葉と小さい葉のデータが収録されています。

P026_08　葉

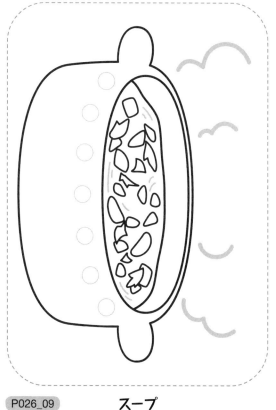

P026_09　スープ

コピー用シアター型紙

●監修者紹介

岡林一枝
おかばやしかずえ

(公益財団法人児童育成協会発行 月刊「こどもの栄養」編集担当)

服部栄養専門学校栄養士科卒業。東京都内学校法人幼稚園の給食担当栄養士を経て、財団法人こども未来財団に所属の後、現職。管理栄養士。2014年7月、保育所食育サポートネット創立代表理事に就任。2005年からは、NPO法人キッズエクスプレス21主催の食育コンテストの審査委員を務める。

●各章の監修者

第１章 浅野ななみ (乳幼児教育研究所)
あさの

お茶の水女子大学卒業。東京都公立幼稚園教諭、聖心女子大学講師を経て、現在、乳幼児教育研究所 講師。子どもの歌、あそび、お話の創作、表現活動の指導のほか、幼児教育教材、おもちゃなどの監修にあたる。主な作品は、絵本「３びきのこぶたのおかあさんのたんじょうび」(PHP研究所)、「CD付き０〜５歳 発表会で盛り上がる昔話の劇あそび」(ナツメ社) ほか多数。

第２章 髙橋美保 (白鷗大学教育学部発達科学部教授)
たかはしみほ

大妻女子大学大学院修了。大学助手、短大教員を経て現職。保育や教育における食育は、集団の中で共存しながら生きる力を培うといった視点が大切で、子どもの発達に応じたねらいを設定し、毎日の食事を介して、無意識に行動パターンが習慣化していくような内容と進め方が問われる。保育士や幼稚園教諭をめざす学生とともに、その課題を追求し奮闘し続けている。

第４章 食のお悩みＱ＆Ａ 太田百合子
おおたゆりこ

(東洋大学ライフデザイン学部非常勤講師)

東京家政大学家政学部栄養学科管理栄養士専攻卒業。「こどもの城」小児保健クリニックを経て、大学の非常勤講師や講習会講師、育児雑誌などの監修を務めている。主な役職は、日本小児保健協会栄養委員会、東京都小児保健協会理事、日本小児連絡協議会栄養委員、日本食育学会代議員など。主な著書は、「なんでも食べる子になる １歳、２歳からの偏食解消レシピ」(実業之日本社) ほか多数。

第４章 食物アレルギー 宮本直彦
みやもとなおひこ

(山梨県・げんきキッズクリニック院長)

山梨医科大学医学部卒業。加納岩総合病院小児科小児科医長を経て、2004年より現職。クリニックの敷地内には病児保育所と認可保育園を併設しており、「子どもを中心にご家族の心と体をげんきにする」理念のもと、日々診療を行っている。また、アレルギー専門医として保育者や栄養士、調理員向けの研修会などで多数講演を行う。

第５章 坂本廣子 (料理研究家、相愛大学客員教授)
さかもとひろこ

同志社大学文学部卒業。幼児期からの食育を40年前から提唱し、日本の食育実践の先駆け、NHK教育テレビの「ひとりでできるもん」の産みの親でもある。主な役職は、農林水産技術会議委員、神戸女子短期大学非常勤講師、近畿米粉食品普及推進協議会会長、キッズキッチン協会会長、まなぼうさいラボ副所長、伝統食品研究会理事、テンペ研究会理事など。主な著書は、「台所育児」(農文協) ほか多数。

●文例執筆者 (保育所食育サポートネット・栄養士／五十音順)

有田あすか、植草真喜子 (福生本町保育園)、小川美智子、長田和恵 (すずのき台保育園)、屋久千春 (たんぽぽ保育園)、小野友紀 (武蔵野短期大学准教授)、川口亜希子、鈴木ゆかり (ふきのとう保育園)、田中登代子、徳永恭子 (新渡戸文化短期大学非常勤講師)、播田實早織、目黒浩子 (慈愛会保育園)

●イラスト (五十音順)

いけだこぎく、市川彰子、うえはらかずよ、北村友紀、タカタカヲリ、中小路ムツヨ、ナシエ、福島 幸、藤井 恵、マメリツコ、みさきゆい、Meriko、YUU、よしおかアコ

●スタッフ

カバー・CD-ROMイラスト／わたなべちいこ、福島 幸、Meriko
カバー・CD-ROMデザイン／大薮胤美 (フレーズ)
本文デザイン／八木静香
本文デザイン・CD-ROMデータ作成／株式会社ライラック
シアター制作・型紙／マーブルプランニング
楽譜浄書／株式会社クラフトーン
撮影 (五十音順)／岩田多佳晋、布川航太、林 均、引田早香
ヘアメイク／依田陽子
モデル／森藤弓未
撮影・取材協力園 (五十音順)／足近保育園 (岐阜県)、くらき永田保育園 (神奈川県)、新田保育園 (東京都)、徳持幼稚園 (東京都)、ふきのとう保育園 (東京都)、武庫愛の園幼稚園 (兵庫県)、弥生保育園 (東京都)
編集協力／株式会社スリーシーズン、植木由紀子、東城恵利子、西川希典、大道寺ちはる
編集担当／齋藤友里 (ナツメ出版企画株式会社)

CD-ROM付き

毎日の保育をサポート！
まいにち　ほいく
食育ガイド＆おたよりデータ集
しょくいく　　　　　　　　　しゅう

2015年3月2日　初版発行
2024年7月１日　第10刷発行

監修者　岡林一枝　　　　　　Okabayashi Kazue,2015
　　　　おかばやしかずえ
発行者　田村正隆

発行所　株式会社ナツメ社
　　　　東京都千代田区神田神保町１-52
　　　　ナツメ社ビル１F（〒101-0051）
　　　　電話　03-3291-1257（代表）
　　　　FAX　03-3291-5761　振替　00130-1-58661

制　作　ナツメ出版企画株式会社
　　　　東京都千代田区神田神保町１-52
　　　　ナツメ社ビル３F（〒101-0051）
　　　　電話　03-3295-3921（代表）

印刷所　図書印刷株式会社

Printed in Japan

ISBN978-4-8163-5785-5

＜価格はカバーに表示してあります＞
＜落丁・乱丁本はお取り替えいたします＞

JASRAC 出 1416637-410

ナツメ社Webサイト
https://www.natsume.co.jp
書籍の最新情報(正誤情報を含む)は
ナツメ社Webサイトをご覧ください。

本書に関するお問い合わせは、書名・発行日・該当ページを明記の上、下記のいずれかの方法にてお送りください。電話でのお問い合わせはお受けしておりません。
・ナツメ社webサイトの問い合わせフォーム
　https://www.natsume.co.jp/contact
・FAX(03-3291-1305)
・郵送(左記、ナツメ出版企画株式会社宛て)
なお、回答までに日にちをいただく場合があります。正誤のお問い合わせ以外の書籍内容に関する解説・個別の相談は行っておりません。あらかじめご了承ください。